秘境アジア探訪記

ゾミアの少数民族フィールドワーク

金子 遊

アーツアンドクラフツ

目次

カバー・本文写真◉金子　遊

秘境アジア探訪記

——ゾミアの少数民族フィールドワーク

第一章

東ヒマラヤのチベット仏教

インドの北東部へ

肌ざむくなり、秋というよりは、夜になると初冬の冷えこみが足もとから忍び寄ってくる山形から東京へもどると、それとは対照的に、南方から台風二六号が迫っているという十月半ばごろのことであった。熱帯性の高気圧が、逆巻くような雨雲と太平洋上の熱い大気を巻きこみながら、少しずつ首都へと迫ってきている不穏な気配を感じながら、デリー行きの旅客機に飛び乗ったのは、翌日の夕方のことであった。

インディラ・ガンディィ国際空港からニューデリー駅までメトロで移動できたのはよかったものの、駅から一歩外にでれば、三〇度を超える身体が忘れかけていた夏の暑気であった。それにも増してめまいを覚えるのは、駅の内外に座っている人びとの多さである。東京という都会にいると、誰もがそれぞれ別の方向へ急ぎ足で歩いていることに目まぐるしさをおぼえるが、ここデリーではベンチがなくても駅の構内の床に、自分の荷物の上に、道ばたに、誰もが腰かけている。

「タクシーはどこでつかまえられますか」

そんなふうに訊ねても、手を横に振られるだけで返答はかえってこない。老いも若きも男も女も、どこへ行ったらいいのか迷い、どうすればいいのかわからなくなって、立ちあがるタイミングを失ってしまったというかのように、地べたに座って行き暮れている。新しく流入する移民の数が限られ、社会全体として極端なまでに高齢化が進む極東の島々からきた人間にとって、雨後のタケノコのようにそこかしこに座している人びとの多さを見るだけで、この街が持つエントロピーの高さを感じ、南アジアの倦怠感にあてられてしまう。

なんとか混沌とした駅前でタクシーに乗りこむと、今度はオートリキシャやタクシーが車線の区別なく好き勝手な方向に移動している道路へと漕ぎいでることになる。そのさまは、街自体がカオスという名の鳴動するひとつの生き物というのにふさわしいだろう。人びとが吐きだす二酸化炭素が、車両が吐きだす排気ガスが、そして建物から排出される暑気が一体となり、セピア色のスモッグをつくってデリーの街にたれこめている。その霞がかった空をながめると、人類の文明は少しずつ発酵して朽ちていっているのではないか、と諦念のようなものが心のどこかにわき起こってくる……。

インディラ・ガンディー国際空港から東へインド国内をもどるようにして、飛行機でたどり着いたのがインド北東部のアッサム州であった。インドの「東北」はアッサム州、アルナチャル・プラデシュ州、ナガランド州、メガラヤ州、マニプル州、トリプラ州、ミゾラム州という七つの州から成り、セブン・シスターズと称される。このエリアを地図上で俯瞰すると、北のブータン、南のバングラデシュにはさまれるようにして、山地のシッキム州が細い回廊のようにあり、飛び地のようになったインドの北東部がある。英領インドであったところが第二次世界大戦後にインドとパキスタンが分離独立することになり、イスラム系住民を中心とする東パキスタン（現在のバングラデシュ）が誕生したことで、短い時間で策定された国境線だったという。

アッサム州の中心的な都市であるグワーハーティーの空港に降り立ったところ、浅黒い健康的な肌をして、大きな目が特徴的な三人のアッサム女性に迎え入れられた。インドの観光局が用意した案内者であった。それぞれ赤とピンク色の中間色、萌葱色、それにベージュ色の生地に緑の模様をあしらった伝統的で、かつ若々しさに似合うサリーを身にまとっていた。

「明日、タワンの町まで飛ぶ予定の者なんですけど」

「どうぞ、あちらにホテルまで行く送迎車が待機しています」

そういって、その中のひとりで、ふだんは大学生だという女性が案内してくれた。翌日に東ヒマラヤに入る予定の海外からきた「ジャーナリスト」であるぼくの案内役であった。空港をでると、からりと晴れた青空だった。強い陽光の下を車や古いオートリキシャのみならず、この地方都市では道路を埋め尽くすオートバイの数が尋常ではない。街の中心にある道路は舗装されているのだが、路肩を外れると途端に土と砂利がむきだしになった未舗装の路面になっている。道行くバイクを運転する男性はフルフェイスのヘルメットをかぶっているのに、その後ろに横向きに腰かける女性は何もかぶっておらず、少しの衝撃で振り落とされてしまうのではないかと心配になってしまう。せわしなく行き交う車やバイクのなかで、我関せず、ひとり牛の鼻を引いて歩いている老人がいる光景をみて、「ああ、久しぶりにインドの田舎にもどってきたな」という安堵感をおぼえた。

ヒマラヤ山脈の反対側にあたるチベットを東西に横断するツアンポー川が、インド側のアルナチャル・プラデシュ州の山々を支流となって進み、アッサム州の平野にまで下ってき

グワーハーティー市を流れるブラマプトラ川

て、悠久の大河ブラマプトラの豊かな流れとなる。グワーハーティーは大河のほとりで発展した都市である。ホテルの眺めの良い高台から、南国の樹々の狭間にブラマプトラの河岸をながめると、やがてこの水がバングラデシュへと注ぎこみ、ガンジス川と合流して、ベンガル湾岸のデルタ地帯に流れていくことが想像されて、頭に思い浮かぶ地図のスケールを超えてしまい、クラクラと軽いめまいをおぼえてしまう。その夜、実際にブラマプトラの川を下る船に乗り、はじめて会う人たちとキングフィッシャーのラガービールを飲んだのだが、ゆったりと流れる濁流はまるで大きな湖のように物静かで、ほとんど揺れることもなく遊覧船はブラマプトラの中洲と対岸を行き来したのであった。

空路で東ヒマラヤへ

インドという国に残る最後の秘境のひとつである北東部への旅が、とても魅力的なものに映ったのは、本来であれば地上を何日もかけて車で登っていかなくてはならない旅程であるのを、今回はインド軍がチャーターしたヘリコプターで飛んでいけることにあった。グワーハーティーから東ヒマラヤのタワンという仏教徒の町までは、ほぼ真北に一〇〇キロほどの位置にある。タワン自体は標高三〇〇〇メートルの地点にあるが、中途でブータンの山々の上を飛んでいき、セラ峠という約四一七〇メートルの峠を越えなくてはならない。だから、アッサム州から陸路で登る場合には何日もかかる。

ひとつの問題は、アッサム州からひと飛びに東ヒマラヤまで行く空路は、気流が安定しておらず、非常に航空機事故が多いということだった。ぼくがそのヘリコプターに乗る前年にも、州知事が乗った機体がまったく同じルートを飛んでいて墜落し、死亡事故が起きたところだった。ほかにも事故が頻発しており、グワーハーティーからタワンへと飛ぶ民間機の空路は休止してしまい、緊急時にはインド軍の輸送用のヘリコプターが必要に応じて飛ぶことになっていた。しかし、正規軍の航空機だから安全が保障されるというわけでもなく、近年でも次のような事故が起きている。

二〇一七年十月、インド空軍はロシア製の軍輸送用のヘリコプターでタワンにむかっていてその町の近郊に墜落し、パイロットや乗組員ら七人が死亡した。「AFP通信によれば、このエリアでは三〇年のあいだにヘリコプターや航空機の事故で一七〇人以上がなくなっている」とのことだから怖ろしい。[1] また、二〇二二年十月には、定期的に運行されていた陸軍のヘリコプターが同じようにタワン付近で墜落し、パイロットが死亡、副操縦士が負傷するという事故が起きている。ひとことでいえば、タワンまで行く空路は事故が多発する難所であり、しかもインド軍や民間会社は、事故を防ぐための抜本的な対策を見つけることができず、必要があるたびに運航を続けている状態にあった。

そんなこともあって、前日からフライトの時間までビクビクしていたのだが、グワーハーティーの空港の隅にあるヘリポートへ案内されてみると、オレンジと白の機体を持つロシア製のMi-172という輸送用のヘリコプターが待機していた。それは州知事が搭乗して墜落したヘリコプターとまったく同型の機体であった。この世の見納めとばかりに、そのヘリコプターの機体の写真を数枚撮ってから搭乗した。十数名程度の乗客に、あとは三、四人の乗組員であった。制服を着た副操縦士のひとりが、搭乗口の近くで乗客と相対して座っており、ときどき目があう。彼が背筋をぴんと伸ばして落ち着いている様子を見て、こちらもなんとなく心の動揺がおさまっていく。

ヘリコプターは垂直に離陸するのかと思っていたが、頂部のローターがけたたましく回転して、胴体がふっと宙に浮いたかと思うと、ほとんど斜めに中空を滑空していった。飛行機に比べて、パタパタとローターが回転する振動を体に感じながらの飛行は、なんだか心もとない。グワーハーティーの街中を離れたら、ブラマプトラ川のまわりに稲作の水田と茶畑からなる濃い緑色の大地が広がった。やがて川の水系が途切れるあたりで、急峻な山脈が現れた。豊かな緑の森を切り裂くように、左に右にうねる茶色の道があり、尾根から尾根へと続く建物や道路がはるか下方に見える。となりに座っているオーストラリア人の女性によれば、「山地に入ったあたりからはブータンのはず」とのことだった。ヘリコプターの窓から初めてながめるブータンは山上の王国で、大変な高地を切り拓いて道路や建物をつくり、何とか人間が住めるようにしている土地に見えた。

「ブラマプトラ川のまわりに広がる水田と、突然に現れた山岳地帯とでは、まったく対照的な世界ですね」と、ぼくはとなりの女性に感想を漏らした。

「地勢だけじゃなくて、住んでいる人たちも全然異なると思いますよ」

「どういうことですか」

「アッサム人は肌の色が濃いヒンドゥー教徒が大半だけれど、山岳地帯に入るとチベット系のモンパや、ミャンマーの少数民族に近い人たちになるとのことです。そうね、ちょうどあなたのようなモンゴロイド系の人たちでしょう」

六十代後半くらいだろうか、ロマンスグレーの白髪をしたオーストラリア人女性はそういってやさしくほほ笑んだ。

一時間半くらいのフライトだったか。その日はとても穏やかな秋晴れの日で、東ヒマラヤの山脈へと近づくにつれて曇りがちになったが、運が良かったのか、突風が吹くとか、天候が不安定になるということはなかった。山地にかこまれたヘリポートを目がけて、ヘリコプターは斜め下方へと滑空していき、無事に着陸した。まわりに多くある山々の山頂のひとつにつくられた、円形に舗装されたヘリポートであった。荷物を片手にもち、数段しかないタラップをおりると、一挙に冷たい高地の風が顔をなでた。昼すぎではあったが、一五度を下回るくらいであろう。遠くに見晴るかす東ヒマラヤの高地は、濃い雲がかかっており、周囲の山々の尾根はよく見えて三六〇度パノラマの光景が広がっている。

定期便がない空港なので到着ロビーはなく、ヘリポートの真んなかで、サリーを身にまとったアッサム人と思われる若い女性と、うすい褐色の肌をした山岳少数民族と思われる女性が、温かいアッサムティーをふるまって降機した訪問客たちを歓迎してくれた。滑走路のある敷地と道路を仕切る門のむこうに、出迎えなのか見物なのかわからないが、十数人の男たちがたむろって、こちらを見つめている。インド系の軍人、モンパやニシの人たちに混ざって、頭を丸めて臙脂色の僧衣に身を包んだチベット僧もいた。「インドとは異なる文化圏にやってきたな」とその光景を見て実感した。

チベット仏教の世界

ヘリポートから四駆のジープに乗りこみ、右に左に蛇行する山道をタワンの町へとおりていく。ふっと見晴らしのよいスポットにでると、なだらかな三角形を描く山頂から裾野にかけてに円錐状にタワンの町が広がり、その頂点に位置するタワン僧院の大きな建物があり、眼下に町をおさめている。写真で見たチベットのラサの風景とよく似ている。実際にタワンの町から十数キロ北にはチベット自治区（中国側）があり、一九五〇年代から相争う中国とインドの国境線はいまだに確定していない。チベットとタワンの関わりは、政治的にも文化的にも宗教的にも深いものがある。助手席に座った通訳のサンゲ・ツェリング・キーさんが、後部座席のぼくの方を振り返りながら話してくれる。

「モンパは昔からこの土地で暮らす少数民族ですが、後から入ってきたチベット仏教（昔はラマ教といった）の影響を大きく受けています」

「もとは仏教徒ではなかったんですね」とぼくが訊く。

「ええ、ボン教と呼ばれる土着の信仰がありました。それにチベット仏教が習合していき、いまの信仰のかたちになっています。ここで降りましょう」

タワンの町のいたるところにゴンパ（寺院）があった。街の入り口か寺院の門かわからない赤門をくぐり、サンゲさんについていく。家や寺院の屋根の上に、タルチョと呼ばれる白、赤、緑、黄、青の五色の旗がロープで張り巡らされていて、風に揺れている。ルンタとも呼ばれる祈りと魔除けの旗だ。旗の一枚一枚にはびっしりと経文が印字されており、風ではためくたびに経文を詠んだことになり、功徳が積めるのだという。

タワンという町とチベットの関係史をおさらいしておこう。一九一四年に条約で決められた中国（チベット）とインドの国境線となるマクマホン・ラインだが、中国側が認めておらず、いまだに国境線を確定できずにいる。一九五一年に中国に併合されたチベットでは、一九五九年にチベット動乱が起き、ダライ・ラマ一四世はインドに亡命する。そのときに立ち寄ったのがタワンだった。タワン僧院に併設された博物館には、一九五九年にチベットから亡命してきたとき、一般人に変装したダライ・ラマ一四世が近郊のディラン村を、兵士や伴の者に付き添われて歩くモノクロ写真が展示されている。

そのほかにも、整列したインド兵の前を歩くダライ・ラマ一四世の姿や、博物館に陳列された織物を彼が見学する写真が展示されていた。一九六二年九月には、チベット自治区とインド側の国境にある峠で小競り合いが起き、翌月に中国軍がインド軍を撃退し、タワンの町を占領したこともある。十一月に中国軍が撤退したことで戦闘は終わり、それ以降はインドが実効支配を続けている。[2] そのような歴史的な経緯もあり、モンパの民が大勢を占める五万人から六万人ほどの人口のタワンは、表面上はチベット仏教一色の町に見えた。

サンゲさんと少し歩くと、街中に黄色い屋根のゴンパがあった。まわりを囲む外壁はレンガを積み重ねたもので、全面に白い漆喰が塗ってある。外壁には赤字にカラフルな文様を描いた窓枠がある。そのむこうには寺院の庭が見えて、外壁の枠のなかに大きなブロンズ製のマニ車がならんでいる。マニ車の表面にはサンスクリット語のマントラがレリーフで施してあって、芯の内側には経文が入っているのだという。その赤茶けた色の表面は人びとが何度も何度もさわったせいか、つるつるして光っていた。サンゲさんが説明をしてくれる。

「これもタルチョと似たご利益があるものです。手で回転させるだけで、経文を詠んだことと同じになります。仏教徒は信仰に熱心ですが、ちゃっかりした面もありますね」

壁一面にならぶマニ車を、ひと通り回転させてみた。複数の車軸が同時に回って、きりきりと芯がきしむ音があたりに響き渡る。その音が心地よかった。そんな情景をながめているところへ、買い物袋をもった民族衣装のモンパの老婆が歩いてきて、腰をかがめて歩道を一段あがった。彼女は手を伸ばして、丁寧にマニ車をひとつひとつまわしていく。信仰が日常生活に溶けこんでいるさまを目撃して、静かな感動をおぼえるひと時だった。

サンゲさんは三十代前半の男性で、黒字に青のフェル

タワン市内のゴンパ（寺院）と外壁の枠の中のマニ車

トでできたカンジャールというモンパの上着を羽織っていた。とても暖かそうな服だ。英語をかなり自由にあやつり、助手席に座ってヒンディー語のヒットソングをステレオで再生して、それを口ずさむ現代的な若者でもあった。地元の高校をでてインドの大学に通ってから、またモンパの土地にもどってきたそうだ。東ヒマラヤの標高三〇〇〇メートル以上の高地にある町だが、最近は衛星放送によって世界中のテレビ番組が視聴できるようになり、スマートフォンが通じる領域も年々広がっており、特に不便は感じないという。

「チベット仏教といえば良いところがありますよ、ちょっと寄りましょう」とサンゲさんがいい、宿に行く前に一箇所立ち寄ることになった。

広い黄緑色の芝が広がる敷地に、レンガ造りの古い家が建っていて、壁は白い漆喰で塗り固められている。トタン屋根と窓外に設えたカーテンが黄色いので、色彩的にはかわいらしい印象を与える。母屋から庭へとつづくテラスの屋根まで、カラフルなダルチョが張りわたされていた。ここは、一七世紀後半にダライ・ラマ六世として転生したツァンヤン・ギャムツォの生地であり、いまはウルゲリン（またはオギェンリン）僧院の建物だった。

「この樹齢が数百年といわれる木を見てください」

サンゲさんはそういって、二本の老樹の前で立ち止まる。周囲の長さが数メートルはある太い幹。地面に根をはるそのうちの一本は、自然に倒れないようにするために、根元をコンクリートで補強してあった。二本の老樹の前で色とりどりのダルチョがはためいており、聖性が発揮される場所に独特の神秘的な雰囲気を醸しだしていた。

案内板に書かれた文章によると、この場所は一四九七年にウルゲン・サンポという人物によって建てられたニンマ派の僧院だった。およそ二〇〇年の時を経て、一六八三年にここでツァンヤン・ギャムツォが生まれた。後年にダライ・ラマ六世になった彼が奇跡的なおこないをしたという証拠は、現代まで残っている。彼はこの地からチベットへと去るときに、自分の杖を地面にさして植樹した。そして「杖が木になって、三本の幹が僧院と同じ高さまで成長したときに、自分はタワンの地にもどってくるだろう」と予言した。残念なことに一九五九年に強風が吹いて、幹のうちの一本は倒れてしまったが、同じ年にダライ・ラマ一四世がインド側へ亡命してきて、転生した姿で帰郷が果たされたと人びとは考えているようだ。ダライ・ラマへの畏敬の念には根強いものがあるが、そのこと以上に、ヒマラヤの片隅の高地に素朴な奇跡のエピソードが残っていることの方に心を動かされた。

「あの人たちは何をしているのでしょうか」

「近くに行って、見せてもらいましょう」

ウルゲリン僧院の庭に、床がコンクリートになった見晴らしの良いテラスがある。屋根の下に大きなテーブルが置いてあり、無数の金色の容器、銀色の容器、ブロンズ色の容器が規則正しくならべてあった。頭を坊主にし、赤い僧衣を身にまとった小柄な老女が、大きな銀色のヤカンをもって、ひとつひとつの容器に水を注いでいく。テーブルをはさんだ反対側にはモンパの衣装を着て、頭にピンク色の帽子をかぶった中年女性がいて、水で満たされた容器を手にとり、床にあるバケツへと水を捨てていく。すると、僧衣の老女がそのバケツからヤカンに水を汲み、また容器に水を注ぐ行為をくり返していく……。サンゲさんは、この水の儀式をモンパの仏徒がユウン・チャップと呼んでいるといった。

「ひとりの女性が一日中、水を汲みます。もうひとりの女性は、反対に水を捨てつづけます。ふたりとも絶対にしゃべってはいけません。そのような行なのです」

モンパの仏徒による水の行

「以前にどこかで読んだことがあります。チベットの僧侶は一週間近くかけて、砂で精巧な曼荼羅を描く。すると高僧がきて声明を唱えたのち、一気にその完成後の砂絵をこわしてしまう、と」とぼくは答えた。

「そうですね。このような修行は、どんなものも、自分の肉体さえも、いつかは滅びるというむなしさを教えてくれます」
ぼくたちはひそひそ話のように小さな声で、そんな会話を交わした。足音を立てることにも気づかいながら、その場所を離れようとしたとき、高地にあるテラスに一陣の風が舞いこんだ。その風がテーブルにならべられた容器の水面を一斉に震わせて、かすかにだが、楽器のような高音をわななかせた。確かにその響きを去りぎわの背中に感じたのだ。

註

1 「インド空軍ヘリコプター墜落、7人死亡」BBC NEWS、二〇一七年十月六日、https://www.bbc.com/news/world-asia-india-41522610

2 『モンパ インド・ブータン国境の民』脇田道子著、法蔵館、二〇一九年、九一―九三頁

第二章 タワン僧院とモンパ

モンパの人びと

翌朝、タワンの街外れにある崖上の宿で眠っているとき、空を切り裂くような轟音で目がさめた。それは聞きおぼえのあるブンブンブンという断続的な騒音で、カーテンを開けると、ミリタリーカラーのヘリコプターが谷間を下りていくところだった。天空の町に滞在しているわけだが、そこは昔の作家が書いたようなシャングリラではなく、大国同士が国境線を争う山岳地帯なのであった。北にチベット自治区、西にブータン、東にはミャンマーと国境を接するアルナチャル・プラデシュ州。民族や部族の定義やその数え方によるだろうが、三〇ほどの少数民族が暮らすとも、一一〇もの部族社会があるともいわれ、いわゆるインドのイメージからはほど遠い北東部の最果ての地である。村が変われば言語や民族が異なるとすらいわれ、ロシアとジョージアを隔てるカフカース山脈やインドシナ半島の山岳地帯と比肩できる、世界的に見ても有数の多民族が共存するエリアになっている。

　宿のロビーで待っていると、天井近くに設置されたテレビで、男たちが欧州のサッカー・リーグの試合を見ていた。着実にグローバル化の波は、東ヒマラヤの山中までやってきている。今日は伝統的な臙脂色のカンジャールを羽織っているサンゲさんと合流し、タワンの街中を散策することになった。朝と夜の気温はかなり冷えこみ、厚手のダウンジャケットでちょうど良かった。タワンでは、伝統的な衣装を着ている人は、仏教の臙脂色の僧服か、モンパの民族衣装かのどちらかだった。寺院の前に小学生から中学生くらいの三人組の僧がいたので、どんな僧衣を着ているのか詳しく見せてもらった。朝の気温は一〇度に届かないくらいだが、斜めに巻いた袈裟と反対側の腕は、袖なしで肩から裸の腕がでていた。

「この服装で寒くないの？」とぼくは訊いた。

「ううん、慣れてるから全然大丈夫」と少年たちは口々に答えた。

　そういわれてみれば、自分にも、どんなに寒くても小学校の六年間を半袖で通した思い出があった。さすがに登下校時にはジャンパーを羽織ってはいたけれど。どうしてそんなことをしたのか動機が思いだせない。子どもなりの意地や強がりがあったのか。少年たちは同じモンゴロイドなので、ラマ服さえ着ていなければ、見かけは日本の子どもと大差がない。少年たちと一緒に記念写真を撮り、「トチチャイ（ありがとう）」といって別れた。

町を歩いていると、男性には洋装が多いが、年配の女性は民族衣装を着ていることが多い。サンゲさんによれば、寺院を訪れるときの正装として着用する習慣があるとのことだ。道ばたでひとりの女性にお願いして、服装をよく見せてもらった。遠目に見て驚くのは、黒いヤクの毛でつくった帽子をかぶる男性や女性が目立つことだ。パーマのようにちりちりに絡まった毛がフェルト状になって、頭上で五本の房がとんがっている。知らないと独特のヘアスタイルだと思えてしまう。雨のときはそれらの房を伝って雨水が落ちるというのだから便利であるにちがいない。モンパの女性が正装するときは、ゴチェン・ジャムと呼ばれる円筒形の布製の帽子を頭にかぶることもある。

「この温かそうなシンカは、一体どうやって着るんですかね」とぼくは訊いた。

「ちょっと上着を脱いで見せてあげましょうね」と女性は親切に答えた。

女性が着ている上着はトトゥンと呼ばれる。生地はシルクや化学繊維で、紫がかった鮮やかな赤色が特徴的だが、それはカイガラムシの染料で染めたものだという。「花、星、ウマ、ゾウなどの動物、その上に乗る人物、矢絣、マンジ（万字、卍）などをモチーフにした幾何学模様がカラフルな糸で織り込まれている」ところが特徴である。[1]

女性はトトゥンの下に、モンパの特徴的な貫頭衣であるシンカを着ていた。こちらもカイガラムシの染料による臙脂色の生地が独特で、青や白の縦縞が入っている。この女性のシンカは鮮やかな赤色に近かったが、別の老女が着ていたものは年季が入っているようで、色褪せて渋い赤褐色に近くなっていた。シンカは二枚の布を縫いあわせたワンピースのような衣服であり、頭がすっぽり入るように大きな穴が開けてある。日本の着物や浴衣とちがって両脇が大きく開いていて、腰当て布で帯のようにしめている。そのほかに、モンパ女性には背中にかける肩掛けのレンバという伝統衣装もある。厚手のウールでできているので、傍目にも温かそうで防寒着の役割を果たすのだそうだ。

このように女性の伝統的な服装を見るだけでも、モンパの人たちが平地のアッサム人とも、隣接するチベ

貫頭衣シンカを着たモンパ女性

ット系人とも、同じ州内のニシ、アディ、アパタニ、ガロ、メンバといった民族とも異なる独自性を持っていることがわかる。長年この地に通い続けてモンパの文化を研究し、労作の民族誌『モンパ　インド・ブータン国境の民』を書きあげた文化人類学者の脇田道子さんに現地で会うことができた。その著書によれば、かつてのモンパはチベットからヒマラヤの南側にかけての「モン」と呼ばれる地に住む、さまざまな部族を含む人たちの総称であった。チベット語で「無知や暗黒」を意味するムン、非仏教徒を意味する「モン」が語源だという説があり、チベットから見た「野蛮な未開の民」という含意を持った他称だと考えられている。(2)

中国では門巴族、インドのアルナチャル・プラデシュ州ではモンパやメンバと呼ばれ、ブータンにも少数派として暮らすなど、モンパは国境をこえて異なった土地に暮らしている。脇田さんの指摘でおもしろいのは、モンパというのは総称であって、そのなかに言語や来歴の異なるグループが内包されているという点だ。もとはチベットの南方に暮らしている、雑多な未開の民たちを指す総称だったのではないかという。そのモンパが話す言葉は、言語上はモンパ語やダクパ語など、一一の言語にわけられるというのだから、なるほどと頷ける。そうなると言語や宗教や慣習など、モンパの人たちは何をアイデンティティにしてきたのだろうか。平地において国家の行政や経済システムに整然と管理され、国民国家や民族ごとに言語的に統一された世界観とは異なるあり方がここにはあるだろう。

そのような意味からも、モンパは政治学者・人類学者のジェームズ・C・スコットが有名にしたゾミアという言葉で呼ばれる山岳地帯の民というにふさわしい。「この「ゾミア」という名は、インド、バングラデシュ、ビルマの国境地帯で話されているいくつかのチベット・ビルマ系言語に共通する語で、「高地民」を意味している。より正確には、「ゾ」は「奥地」を意味する語であり、「山地での暮らし」という意味を含んでいる。「ミア」は「人々」という意味である。」[3]たとえば、インドの北東部には、アッサム州と隣接する丘陵地帯にミゾの人たちが住むミゾラム州がある。百科事典を調べると、ミゾ語ではミゾが「先住民のミゾ族」で、ラムが「土地」を指すから、ミゾラムは「ミゾ族の土地」を意味する。さらに細かく分解すると、「ミ」が民族、「ゾ」が高地、ラムが「土地」であり、「高地民族の土地」だという説もあるようだ。いずれにしても、言葉の成り立ちがミゾラムと「ゾミア」では似ていておもしろい。当然のことながら、ゾミアの地域にはインド北東部が含まれている。

東南アジア大陸部の国々、中国、インド、バングラデシュの国境地帯にまたがるこの大きな山岳地帯は、およそ二五万平方キロ（ヨーロッパの面積にほぼ匹敵する）にわたって広がっている。ジャン・ミショーは山地とそこに暮らす人々をひとつの独立した研究対象として認識した先駆的研究者の一人であるが、その範囲を「北から南へ、まず四川の南部と西部、そして貴州と雲南のすべて、広西の西部と北部、広東の西部、ビルマ北部のほとんどすべて、そしてそれに隣接するインド極東［北］の一部、タイの北部と西部、メコン川の谷を除くラオスのほぼすべて、アンナン（長山）山脈沿いのベトナム北部と中部、そしてカンボジア北部と東部の末端地帯を含む」と規定している[4]。

スコットの説明によれば、中国の王朝国家など平地における帝国的な支配から押しだされるようにして、徴税や徴兵や強制労働をのがれ、あるいは、戦争や紛争からの避難民として森や山地に逃げこんだ人たちがいた。彼らや彼女たちは、飢饉や伝染病の不安がつきまとう定住型の農耕をはなれて、平地とは異なる耕作形式を営みながら、周縁で国家の力がおよびにくい山岳地帯に無政府的なグループをつくっていった。ぼくの関心の持ち方としては、無政府主義であるとか国家への抵抗であるとか、大げさなことをいわなくても、ゾミアに暮らす少数民族の人たちの慣習や信仰やフォークロアのなかに、おのずと「平地人を戦慄せしめる」ような、現代人が忘れかけている生活の原型や、異界に対する想像力が十分に感じられるのではないかと思う。

たとえば、モンパ女性の民族衣装を見るだけでも、そこにチベット文化との差異を感じる。トゥンやシンカを見せてくれた女性と話していたら、モンパの埋葬の仕方には独特の風習があるのだと教えてくれた。モンパでは人が亡くなると、遺体を山中にある埋葬地の川まで運び、遺体の肉を切り落とし、バラバラにして川に流すというのだ。モンパはチベット仏教徒であるが、ここには仏教以前からのボン教やアニミズムの死生観も見え隠れする。帰国してから文献にあたったところ、村に住む僧がシャーマニズム的な実践をおこない、遺体を山の洞窟に置く風葬にするか、地面に埋める土葬にするか、火葬にするか、川に流される水葬にするかを決めるということだ。その背景には、人間の身体が地、水、火、風の四つの要素からできているからだという仏教的な「地水火風」の考えがある。これは後年になって入ったものだろう。それより古い形が、肉塊を川に流す水葬にあるのではないか。

川に流す場合、最初に僧がお経をあげ、川に許可をもらい、悪霊を取り除く。その後、二人の主として若者がお酒を飲んで全裸になり、まず死体の首を切り、頭を他の場所に置く。次に体を半分に切り、二人がそれぞれ上半身と下半身を担当して細かく切り、そのつど数を数えながら川に流していく。最後に頭を縦に切って、さらに細かく切っていき、全部で一〇八つに切って川に流す。終了すると二人は川に入って全身に浴びた血を洗い流し、自宅に帰ったときも、きれいな水で全身を洗い流してからでないと家に入れない。(5)

モンパ女性の話によれば、この水葬をおこなう埋葬地の川岸はコミュニティごとに決められていて、ふだんは滅多に近寄らないということだった。文献によれば、それはドゥーテェとか、ドルサとか、リキリと呼ばれる場所である。遺体の肉を細かく刻むのは、魚が食べやすくするためだとのことだが、このあたりはチベットの鳥葬との近接性をうかがわせる。魂が抜けた肉体を自然に還流しようという考えであるのか、背後にどのような死生観があるのか、もっとモンパの人たちが仏教以前から保つ伝統的な思考に触れたいと思った。

タワン僧院のチャム

標高約三〇〇〇メートルの地点にあるタワンの町の高台には、丘陵の裾野に小さな家々を従えるようにして、タワン僧院が天空にむけてそびえ立っている。僧院やまわりの宿坊の屋根が黄色で統一されているので、遠くから見るとカラフルな天空の城という趣だった。町の建造物に関しても、ダルチョのような赤や黄色や白の原色をつかう、にぎやかな色彩感覚が感じられた。レンガ造りの壁を白や茶色に塗った家々が宿坊として使われ、迷宮のように複雑な小路を織りなしている。

その日は、外部から訪れている高僧がタワン僧院で法要をおこなうので、チベット暦の正月におこなわれるトルギャ祭やドンギュル祭と同じ、チャムと呼ばれる仮面舞踊の舞いが奉納されるとのことだった。そこで、午後からサンゲさんと連れ立って、この地域のモンパの人たちの精神的な拠りどころとなっているタワン僧院へ参拝にでかけた。僧院の中庭へとあがる坂道は、貫頭衣シンカを着た臙脂色の服装をしたモンパ女性や、カンジャールという上着を着たモンパの男性陣が押し寄せていた。そして誰よりも、頭を剃って臙脂色の袈裟を巻いた子どもの僧侶が群となって殺到しており、人ごみに押されながら歩みを進める具合になった。

日本の小学校のグラウンドほどの広さの敷地に石畳の中庭があり、その四方を三階建ての建物が囲んでいる。一七世紀に建立されたタワン僧院は、町で随一の歴史的な建造物であり、数百人の僧侶が所属しているという。僧院の建物の各階にあるテラスからは、黄色やピンク色や青色のシンボルを描いた垂れ幕が下がっている。中庭のあちこちに、僧服の子どもたちや伝統衣装を着たモンパの人たちがたむろい、互いにあいさつやおしゃべりに余念がない。モンパの人たちにとって、いかに法要が心をわき立たせる非日常的なイベントであるかが伝わってくる。ここはマクマホン・ラインにほど近い中印国境の町ということで、インド軍兵士の姿もちらほらと見える。

サンゲさんに案内されて、特別に僧院の建造物のなかに入れてもらうと、そこは屋外とはまったくの別世界であった。中央に設えられた巨大な金色の釈迦牟尼像は、僧侶たちよりもひと際明るいオレンジ色の袈裟をまとっている。天井や柱や壁は臙脂色に塗られていて、伽藍堂の全体は赤一色の極彩色という印象であり、現世とは思えない豪奢な空間だった。壁一面にタンカと呼ばれるさまざまな仏画が飾られていた。だだっ広い伽藍の木床に、年老いた僧侶から子どもの僧侶たち数百人が規則正しくならんで座っていた。

「子どもたちが多いですね」と、ぼくはサンゲさんに言った。

「男の子が三人以上いる家庭では、次男を僧侶にするために七歳くらいから寺院に預けます。そうすれば口減らしにもなりますし、僧院の学校で勉強をして、将来は高い社会的地位を得るといった未来への可能性も開けます」と教えてくれる。

「僧侶になるための特別な勉強をするんですか？」

「いいえ、そうとも限らないです。もちろん、宗教儀礼のために舞や楽器も習いますが、英語やチベット語などの語学から、ふつうの小学校で習う社会科や算数など、ひと通りを学ぶことができるんですよ」

　大きな釈迦牟尼像の前から伽藍堂の出口にいたるまで、一列あたり数十人の僧侶がならんでいるのだが、そのひとりひとりに一枚ずつお札をお布施しながら、ひとりのモンパの男性が駆け抜けていく。人数が多いので、お布施をするほうも体力勝負であり、大変そうだった。裏手にまわると、少年たちがチャムを舞うためにあでやかな衣装を身につけ、仮面をかぶって準備をしていた。そこは精霊に扮する舞手たちのための楽屋になっていた。

　そうこうするうちに、僧院長による法要と説法がはじまった。説法が終わると、それまで伽藍の外で遠慮がちにたたずんだり、伽藍堂の内側で床に座っていたモンパの老若男女が、ぞろぞろと釈迦牟尼像の前にいる高僧のもとに押し寄せた。一段高いところに高僧が座しているのだが、モンパの老女や中年女性がその前に列をなした。自分の順番がくれば、高僧の前で手を合わせて恭しくあいさつをし、高僧は低頭する人びとの頭に水瓶で触れるのだった。ときには何か言葉を交わして、予祝を与えることもある。これが「灌頂《かんじょう》」であり、チャムよりも何よりもこれを目的にタワンの町からだけでなく、はるか遠い土地からわざわざ人びとが集まる理由であるという。

突然、ブオーッ、ブオーッと、全身を震わせるような大きな音が、伽藍堂の内と外で鳴りひびいた。ラグドゥンと呼ばれる二、三メートルはありそうな長い長い管楽器を、伽藍堂から中庭にむけて二本ならべて、若い僧侶がそれを口で吹いている。先端の部分はかなり重くなるため、それを固定するために専用の台を使う。天地をゆるがすほど、というと大げさだが、僧院の建造物を震わせるほどの大きな音は、これからチャムという仮面舞踊をはじめる合図だった。ほかにも、西洋でいえばシンバルにあたるティンシャ、トゥンカルと呼ばれるほら貝、トランペットくらいの大きさのギリンと呼ばれる木管楽器を、袈裟姿の僧侶たちが演奏する。チャムは、本来はタワン僧院におけるトルギャ祭やドンギュル祭の法要において、僧侶たちが仮面をつけて舞う悪魔祓いの儀礼の一環である。

トルギャとは供物であるトルマ〈gtor ma〉を火の中に投げ入れる悪霊祓いの儀礼のことで、チベット語ではトルギャク〈gtor rgyag〉と発音される。三日間、早朝から日暮れまで、さまざまな仮面舞踏チャム〈cham〉が繰り広げられる。（……）このトルギャは、三年に一度ドンギュル〈Dongyur〉と名を変える。チベット語で一億を意味するトンチュル〈dung phyur〉に由来し、一億の真言（マニ）を唱えるという意味がある。タワンの人びとの多くは、その意味を知らずにドンギュルと呼んでいる。トルギャが悪霊祓いにより地域の人びとに幸福と繁栄をもたらすことに主眼が置かれているのに加えて、ドンギュルの場合は、一ヶ月前から僧侶による真言を唱える読経が始まり、併せて、僧侶によって特別に加持された丸薬マニ・リブ〈ma ni ril bu〉が手作りされる。(6)

建造物の外へでたとき、タワン僧院の中庭はすごい熱気に包まれていた。タワン僧院の二階や三階のテラスに袈裟がけの子どもの僧侶たちが数珠つなぎになって座り、階段にはモンパの民族衣装を着た男性や女性が、身動きがとれなくて立ち尽くしている。中庭にも入り切れないほどの観衆がチャムをひと目見ようと群れとなって自然と輪をなしている。ぼくが最初に見ることができたのは、トルギャ祭で舞われるペンデン・ラモの舞だった。「ペンデン・ラモは、タワン僧院の守護尊として重要な女性の護法尊である（……）タワン僧院とすべての生き物の繁栄を祈る重要な儀式である」と、実際にトルギャ祭を視察した脇田道子さんの説明にある。(7)

数人の若い僧侶たちが横幅の広い顔をし、口を大きく開けて、立派な歯をむきだす忿怒の仮面をかぶっている。その頭には、緑、黄色、青、赤、紫の五色の布を垂らし、それが舞うたびに髪の毛のように風になびく。とても豪華な織物による着物を身にまとい、肩には渦巻き模様をあしらった赤や青の派手な肩かけをして、きらびやかな前かけで正装していることからも、重要な精霊であることがわかる。もはやチベット仏教なのかボン教なのか、はてまたそれらの習合であるのか判別がつかない。最初のうちは、太鼓とラグドゥンからなる二拍子のシンプルなリズムにあわせて、右手に布と道具を振りながら、円形に移動するだけだった。太鼓がドンドンと鳴らす音を合図にして、ペンデン・ラモたちは両手を大きく中空でまわすようになった。その勢いで右に左に飛び跳ねてから、演奏にあわせて、くるりと軽やか

タワン僧院、ペンデン・ラモの舞

に回転して地面に着地するチャムだった。

「次の舞はもっとにぎやかですよ」と、となりでサンゲさんがいう。

舞手が入れ替わって、今度はゴ・ニン・チャムがはじまった。若い僧侶たちが頭に髪飾りをつけて、白い顔をした女神ラモの仮面をかぶっている。体は明らかにがたいの良い男性のものである。数人の女神は右手に振り大鼓をもち、それをカタカタと鳴らしながら舞う。左手には金剛鈴を持っており、それを小刻みに鳴らし、体を身軽に回転させるので、太鼓の音にあわせて体全体で演奏しながら舞うようなものだ。それでもペンデン・ラモのように飛び跳ねるばかりでなく、仕草や振る舞いには女性の身体的な動きの模倣がとり入れられている。前述の文献によれば、ゴ・ニンには「古い頭」という意味があって、一九世紀初頭に本堂の釈迦牟尼像の頭部を修復したときに滞納したチャムといわれている。女神ラモたちはそれぞれ異なる村からタワン僧院にやってきて、長寿と幸福をもたらしてくれる、とてもありがたい存在なのだという。

チャムが終わったあと、会場となったタワン僧院は喧騒に包まれた。あちこちで互いに挨拶するモンパの人たちがいて、家族で集まっては一緒に家路についていった。貫頭衣のシンカを着て、その上にトトゥンという上着を羽織り、頭にはヤクの毛でつくった帽子をかぶった、ひとりのモンパのおばあさんに僧院の中庭で出会った。少しお話をきかせてもらうと、「体が元気で、生きている限り、この僧院に通いつづけるわ。それは死ぬまでつづく。他に選択肢はないのよ」と話してくれた。その老婆の言葉を聞くと、モンパの人たちにおける単なるチベット仏教への帰依というだけでなく、それと習合して古来から祖先によって伝えられてきたアニミズムの要素も含めて、それらがタワン僧院という場で深い信仰として結びついていることが実感できた。

東ヒマラヤの農村

標高の高い土地にいるので、少しは太陽が近いということがあるのか、昼間のあいだは天候が晴れてさえいれば気温が二桁をこえるのに、夜がきて周囲の山々が静まりかえる頃合いになると、ほとんど零度に近いところまで冷えこむ。朝がきてカーテンを開けると、高山の尾根に白い雪が積もっているのが見える。あれが東ヒマラヤの高山だ。明け方の寒さを思いだして身が縮こまる。そんなときは、ヤクの乳でつくったバター茶を飲み、体を温めてから外へでていくのが良い。

アルナチャル・プラデシュ州がある東ヒマラヤの山岳地帯をおりていけば、アッサム州の平原にでて、そこはイギリスの植民地時代からつづく紅茶の山地である。だから、ここタワンでも砂糖をたっぷり入れた、あつあつの紅茶はよく飲まれている。それと同時に、標高三〇〇〇メートルのところまでくると、人も文化もチベットに近いところがあるので、バター茶をたしなむ。こちらは紅茶とは対照的に、茶葉とバターと塩を煮こんでいるので、お茶というよりもスープを飲んでいるような感じだ。紅茶の文化圏とバター茶の文化圏が重なっているところも、このタワンという町の特徴をよく表しているのかもしれない。

その日は、ダライ・ラマ六世の母親が生まれ育ったという農村を訪ねた。インド北東部の道路を車で走っていると、至るところで工事をしている。国境の紛争地域ということで、急ピッチで軍用道路を整備しているのだが、いまだ舗装されておらず、土やじゃりの道がほとんどで、崖上や崖下を通るような心細い道も少なくない。地元の人たちが手作業をしていたので、四輪駆動のジープを止めて、少しのあいだ作業の様子を見せてもらった。道路のわきで、男性陣が大きな石をハンマーやつるはしを振るって割っていく。体全体をつかうので、額に汗をかいている。割られた白い石を、今度は女性が小さなハンマーでさらに細かく砕いて礫にしていく。

「小石やじゃりは、すぐに道路工事で使われます。ですから、石を割る作業は、地元や出稼ぎの人たちの手っとり早い現金収入になっています」とサンゲさんが説明してくれた。

ちょうど通り道だということで、サンゲさんの奥さんの実家に立ち寄ることになった。タワン郊外の典型的な農村といったおもむきで、傾斜地の広い敷地に伝統的な家屋が建っていた。いまはトウモロコシや瓜が収穫できる季節だということだ。広いテラスにブルーシートを敷いて、その上に採れたばかりの赤唐辛子をたくさんならべて干していた。インドやネパールなど近隣の諸国では、料理に唐辛子は欠かせないものだが、インド北東部でもそれは変わらない。

「これは地元でトゥプン・ソルと呼ばれるチリです。こうやって天日干しにしておけば、唐辛子の刺激が少し抜けて食べやすくなるので、妊婦や子どもがいる家庭では干すことが多いんですよ」とサンゲさん。

それから、伝統的なモンパの家屋だという屋内を案内してもらった。興味深かったのは、ふつうの家庭にラマ僧をお迎えしてお祈りをする広間があることだった。壁一面に小さなタンカ（仏画）が飾られていた。大きな棚のなかには、百や二百はある小さな仏像が安置されており、毎朝その前に銀器に水を入れてお祈りをする。サンゲさんの説明では、慈悲深い仏様はお金がない人でも徳を積むことができるように、毎朝仏様のために水を汲むことで喜捨ができると教えたということだ。このタワンの地区における仏教徒の伝統では、朝日が昇る前に水をお供えして、午後にはいったん水を捨てて、銀器をきれいに洗う。そしてまた、夜に新しい水に入れ替える慣習になっているという。

サンゲさんの妻の実家から、さらに一時間以上、四輪駆動の車で走った。ダライ・ラマ六世の母親が生まれ育ったという家を見学したあと、その庭から大きな谷を見下ろした。谷の反対側にうすく靄がかかった山が見えており、谷へとおりていくスロープには金色の棚田が広がっている。棚田におりていくと、十数人の女性たちが稲刈りをしているところだった。鎌で刈りとって、ひとつひとつを束にしていく姿には、何かなつかしいものを感じた。東ヒマラヤの高地であっても、農作業をしていると汗で暑くなるらしく、女性たちは一様に頭に布をまき、長袖の裾をまくりあげたり、Tシャツ姿になったりしている。

ちょうど昼食どきであったので、田んぼのなかでモンパの農婦さんたちに混ざって食事をいただいた。通称モンパ米と呼ばれる赤いご飯を炊きあげ、輪になって座るひとりひとりの前に大きなバナナの葉をおいて、そこに赤米のご飯を分配していく。香草とチリソースをかけて、それを手で食べていく。日本のご飯と比べると、水分がなくてパサパサした感じだが、ソースの辛さと旨さに刺激されて口内によだれが分泌され、そこに赤いご飯を手で押しこんでいくときには、ちょうどいい固さなのかもしれなかった。ポットに入れた温かいカレースープと一緒に、モンパ米を野天でいただくことは、至福の悦びであった。

高校を卒業したばかりだという少女三人組が、身振り手振りで、素手によるご飯の食べ方を教えてくれた。頭に布をまいて、足には長靴を履き、野良

モンパ米を食べる農婦さん

着姿という格好が恥ずかしいのか、最初のうちは写真に撮られることを嫌がっていた。しかし、一緒に昼食を食べると打ち解けてきて、外国人が珍しいのか、ぼくの方を見ながら何か冗談をいっては笑い転げていた。中年の女性たちは、バナナの葉の上のモンパ米を無駄にしないように、手できれいにかき寄せて、両手でぎゅっぎゅっと握っては口に運んでいく。サンゲさんの説明によれば、誰かの田んぼが稲刈りだときけば、稲刈り機があるわけではないので、こうやって近所の人たちが集まって一挙に刈取りの作業を協働でやるのだという。

はるか遠い東ヒマラヤの山地まで旅をしてきたが、ぼくがそこで目にしたのは、日本列島でも数十年前までおこなわれていたであろう、素朴な農村の光景なのであった。

註

1 『モンパ インド・ブータン国境の民』脇田道子著、法藏館、二〇一九年、一七一頁

2 『ゾミア 脱国家の世界史』ジェームズ・C・スコット著、佐藤仁監訳、池田一人ほか訳、みすず書房、二〇一三年、一四頁

3 『ゾミア 脱国家の世界史』一三―一四頁

4 『モンパ』一〇五―一〇六頁

5 『神秘の大地、アルナチャル』水野一晴著、昭和堂、二〇一二年、八九頁

6 『モンパ』二二九―二三〇頁

7 『モンパ』二四四頁

第三章
アルナチャルの人類博覧会

インド最後の秘境

明け方、あまりの寒さに目が覚めてしまった。宿の部屋に設置されたベッドで、毛布の上に厚手の布団をかけて眠ったのだった。ところが、窓ガラスから伝わってくる冷気が顔をなで、日本列島の秋めいた気候やアッサム州の真夏の暑気を表面に保っていた肌の感覚が驚いたのだろう。東ヒマラヤの零下まで下がってきた寒気を体内のサーモメーターが感知して、意識が睡眠の底から覚醒面のほうへと浮きあがってきたようだ。布団にくるまってまんじりともせず、ここ数日のインド北東部のアルナチャル・プラデシュ州における比較的に恵まれたといえる旅の経験を反芻していた。

大学や研究機関などに所属して、それなりに潤沢な研究費を得て現地調査に入る研究者やリサーチャーたちとちがって、どこの雲助とも知れない一介の物書きが、ドライバーと通訳兼ガイドを引き連れて、モンパと呼ばれる人たちの労働や信仰や祭祀の場に立ち会うことができたのは、ほとんど奇跡に近いといってよかった。インドという国家においても辺境の地だとされるアルナチャル・プラデシュ州は、これまでインドがパキスタンと国境線を争うカシミール地方とならび、外国人が入域許可を取りにくい地方として知られてきた。

一九一四年に、イギリス領だったインドとチベットの間で取り決められたマクマホン・ラインは、一九五一年にチベットを併合した中国共産党が認めていないため、いまだに中印の国境線としては確定されておらず、国境紛争の地となっている。タワンという町はモンパの人たちが数多く暮らす、とても魅力的な民俗を残す東ヒマラヤの町であるのだが、地政学的に見るならば、以前に中国に侵攻されたことがあるインド側にとっては国境紛争における重要な軍事的拠点となる町である。そのような理由からか、一九九〇年代までは外国人には入域が許可されず、それ以降も入域許可証をとらないと入ることすらできない、旅行者にとってはインドにおける「最後のフロンティア」であり続けてきた。

ぼくが効果的にタワンの町やまわりの村を見てまわることができたのは、もちろんサンゲ・ツェリング・キーさんという通訳兼ガイドがいたおかげである。彼を紹介してくれたのが、アルナチャル・プラデシュ州の州政府とインド観光局であったところに、ひと筋縄ではいかない事情がある。つまり今回の旅は、民族色の豊かな土地を見て歩くことが主眼にあるものの、これまで外国人の旅行者へと開かれてこなかった東ヒマラヤの土地に、海外から観光事業者やジャーナリストを迎え入れて、その魅力を知ってもらうために企画された政治的な意図を含んだ計画であるのだ。その大きな目論見や動きのなかに、ぼくはこっそり紛れこんでいる具合だった。それゆえ、数日のあいだは政府による式典や公的イベントに参加することが義務づけられていた。頭のなかで考えごとをするうちに、ニワトリたちが遠くで騒ぎだしたのだが、その声をよそにふたたび浅い眠りへ落ちていった。

遠くに万年雪をたたえる東ヒマラヤの四〇〇〇メートル級の高峰が、その朝は雲や霧によって霞むこともなく、晴れわたった青空の下にくっきりそびえ立って見えた。空気は冷たいが限りなく澄んでいて気持ちがいい。サンゲさんに連れられて宿からむかった先は、タワンの町外れにあるふだんは競技場などとして使われている空き地だった。見晴らしがいいその場所に、白いアーチ状の巨大なテントハウスが建てられて、そこがツーリズム・マートのメイン会場になっていた。

最初の違和感は、駐車場から会場にむかう途中でおぼえた。

「ウェルカム・トゥ・タワン」

「エンジョイ・ユア・ステイイング！」

モンパの臙脂色のシンカをまとった女性たちが、たくみな英語を使って満面の笑みで出迎えてくれた。伝統的な大きな数珠のネックレスをしているが、その同じ首に「サポート・スタッフ」という英語で書いたカードをぶら下げている。これまで遭遇してきたモンパの庶民とは明らかに異なる風情だった。

メイン会場となるテントハウスの前に、渋味のある金色の装束を着たベンガル人の楽団が待機していた。しばらくすると、三人の打楽器奏者が分厚いアンサンブルを叩きはじめ、シャハナーイと呼ばれる木製の胴をもつラッパが、縦横無尽にしわがれたメロディラインをあたりに高鳴らせる。すばらしいライヴ演奏であるが、この音楽を生みだしたベンガルの土地や文脈をはなれて、この会場の前で演奏されていることに、一抹の味気なさをおぼえた。となりには、真っ赤な長袖のインナーウェアの上に、サリーのようなベージュ色の布を巻いたアッサム州のミュージシャンとダンサーがいる。こちらはパーカッションとアカペラで演奏をはじめた。ベンガルやアッサムなどの平地からきた人たちは、いわゆるインド・アーリア系の顔立ちだった。

少数民族の展示

これから式典がはじまるということで、それまで広場のあちこちで演奏や立ち話をしていた、色とりどりの民族衣装を着た少数民族の人たちが集まってきた。彼ら彼女たちはむかい合わせになり、二本の長い列をつくった。一方には、臙脂の温かそうなシンカを着たモンパ、赤と黒からなるドレスが特徴的なニシの女性たちがならぶ。彼女たちは両腕に手首全体をおおう、銀の大きな腕輪をしていた。

ステージに近いほうに、アルナチャル・ブラデシュ州の南、ミャンマーとの国境沿いにあるナガランドからきたナガの一行がいる。全体でおよそ五〇万人といわれるナガのなかでも、アンガミと呼ばれる部族に属するとのこと。男性は動物の毛をフサフサにつけた帽子を頭にかぶり、赤と白の派手な上下を着て、首からオレンジと白と青のカラフルなビーズのネックレスをかけている。ノースリーブの服で肩から先の肌を外にだしているので、見るからに寒そうで、その服装がタワンの町の寒さにそぐわない感

アンガミ・ナガの伝統衣装を着た演奏家たち

じがあった。男性の横にならぶ四人の女性たちも同様にネックレスを首からかけて、黒地の上下がつなぎになった服に、緑や赤の布でアクセントを入れた民族衣装である。ナガの男性に直接話を聞いてみると、「待ってました」とばかりに流暢な英語でとうとうと語りだした。

「これらナガの伝統衣装のほかにも、わたしたちにはすばらしい装身具があります。頭にかぶっている黒の帽子は熊の毛でできています。なぜなら、男性は熊のように勇敢になりたいと望むからです」

「耳に引っかけて、両頬の前に伸びている飾りはなんですか」

「これは鳥の羽飾りですね。わたしたちの文化では、鳥の羽根は特権性を意味します。これを身につけることで、純粋さを得られると信じられてきました。ナガの人間は、鳥のように美しく着飾りたいと考えてきたのでしょう」

このナガの男性は、観光で生計を立てている人のようだ。彼にとって、自分たちの民族衣装、伝統的な音楽やそれに使われる楽器、そしてアクセサリーや装身具に誇りをもつのは当然のことであり、それを国内外からきた人たちにディスプレイして見せる、つまりは観光資源としてあつかうことに、微塵の疑問も抱いていない様子だった。男性はこれまでも何度となくガイドとして同じ説明をさまざまな観光客にしてきたのだろう。的を射た過不足のない語りがそこにはあった。

そのように書くと、彼ら彼女たち少数民族がみずからの伝統文化を観光化し、経済的な生活を成り立たせていることのネガティブな面を強調することになるだろう。その一方で、インドという大国のなかにあり、常に少数者に甘んじるしかないグループならではの懸命さがひしひしと感じられた。ナガの男性の自信満々な態度の背後には、「すばらしいところだから、ぜひナガランドを訪れてほしい」「人数は少なくても誇らしい自分たちの伝統文化を純粋に知ってほしい」という強い思いがあるのだ。

ところで、ファッションという面に注目すれば、アッサム州の南北でバングラデシュと国境を接するメガラヤ州からきたガロという民族の人たちのスタイルが、もっとも際立っていた。男性は頭に水色のはちまきをして、上半身は裸、二メートル近くある手製の太鼓を肩からかけて、それを両手で叩いて演奏をした。踊り手の女性陣は、同じ水色のはちまきに、水色の素朴なシャツ、首からは色とりどりのビーズのネックレスをぶら下げて飾り、緑色のさまざまな模様やテクスチャが入った布を腰に巻いている。式典が終わったあとで話を聞いてみると、民族音楽と舞踊を学ぶ学生たちのグループだった。屋外の寒さにぶるぶると震えており、裸に近い格好の上にダッフルコートを羽織り、熱いお茶を飲んで体を内側から温めていた。

二列にならぶ少数民族のなかで、ガロのむかい側に陣どったレプチャの人たちは、ブータンとネパールにはさまれたシッキム州の先住民で、モンパと同じチベット系である。レプチャの男性は、円筒の帽子を頭にかぶり、むかしの漢服のような萌葱色の服の上に、さまざまな花の模様をあしらった上着を重ね着している。女性陣は動物の毛皮でつくった豪奢な帽子をかぶり、上半身にあざやかな黄色の漢服のようなシャツを着て、腰から下は虹色のテクスチャで編んだ毛織物の布を巻き、それをスカートのようにして履いていた。

式典がおこなわれるステージの前で、アルナチャル・プラデシュ州内の少数民族や隣接するインド北東部のエスニック・グループが一同に会し、それぞれの民族衣装を着て民族楽器を誇示し、二列にむかいあっていた。そこへテレビ局のカメラマンたち、それにジープで乗りつけたインド軍の高官たち、そして、外部からきた人たちを迎え入れるモンパの地方役人がわらわらと集まってきて式典がはじまった。

このような光景をどこかで見た気がするのだが、何であったか思いだせない。よく考えてみると、古い民族学の本で読んだ記述であったのかもしれない。一九世紀から二〇世紀前半のアメリカやヨーロッパ、そして日本といった植民地主義的な野心をもつ国々の都市では、博覧会のなかで、こうした人間の展示がおこなわれていた。近代的な西欧文明と比べて「未開」や「野蛮」であるとされた先住民や少数民族が、大都市の博覧会の会場に連れてこられ、珍しい服装や道具をもつことが人びとの好奇の目にさらされた。その「人間動物園」といってもいい状況においては、ご丁寧なことに展示される人びとの家財道具や住居までもが運びこまれ、人間とともにディスプレイされた。

現代になっても、多様な言語の話者やエスニック・グループを抱える新興国のインドにおいて、経済発展という大義名分のもとに、少数者たちの民俗や慣習を見世物にする愚行がくり返されているのだ。次々と登場したお偉いさんのあいさつやスピーチの内容は、想像の範疇をでるものではなかった。式典のあとで個人的に話を聞いたインド観光庁の役人の女性とは、次のような会話になった。

「もちろん、ここはインドと中国の国境地帯です」と役人が答える。

「辺境とされてきた北東部の実効支配を確実にするために、このような観光フェスティバルを開催するのですか」とぼくは訊いた。

「そうじゃないわ」と彼女はインド流に首を横に振った。「それは邪推です。ここはインドの中心地から遠くはなれており、ヒマラヤの山地にあるとても自然が美しいところ。センパやほかの民族の、そしてチベット仏教の古い歴史が息づいています。インドにこのような地域があることは、世界中の人びとに知ってもらう価値があります。探検し尽くされていない美しい場所が、まだたくさん残っているんですよ」

インド観光庁の役人は両手を広げて堂々と語ったあと、今度は自分自身を納得させるというように何度か縦にうなずいてみせた。

ニシの庶民生活

　そのようなわけで、午前中のセレモニーに参加しただけで、かなり食傷気味になってしまった。こっそり会場を抜けだして、タワンの町中にある食堂でトゥクパというモンパの人たちのソウルフードを注文した。塩味のスープに細うどんのような太めの麺を入れて、野菜やヤクの肉と一緒に煮こんだ料理である。これを食べてスープをすすると体の芯から温まってくる。追加でモモという小籠包を頼み、それに辛いチリソースをつけて食べた。昼食を食べたあとで考え事をしていると、あたふたとサンゲさんが探しにきた。

「観光的なパフォーマンスではない、ふつうの庶民がいるところに行きたい」とサンゲさんに頼んだ。

「なるほど、そうですか」といい、サンゲさんはしばらく考えこんだ。「そうしたら、近くにニシの人たちが暮らす集落があるから、午後はそこへ行ってみましょうか」

　ふたりで食後のお茶を飲んだあと、四駆のジープで未舗装のじゃり道を四〇分ほど走った。タワン近郊の曲がりくねった山道であったが、道沿いに草木の生い茂るジャングルがあり、その入り口に何軒かの民家がある。道路から森にむかって下りの勾配になっており、材木で高床式にした家が設えてある。屋根はトタンで、強風で飛ばされないように石やタイヤや木材をのせて重石にしている。細い竹をならべて平面状にした床は、隙間から下の大地が見える風通しのよさ。タイやカンボジアやミャンマーの山間部で何度となく目にした造りであった。板状にした竹材を垂直と水平に交互に編んだ壁には、建築様式にインドシナ半島における山間部との直接的なつながりが感じられた。

「この家はニシの典型的な伝統家屋なので、見学させてもらうのにちょうどいいでしょう」と車をおりながらサンゲさんがいう。

森を見わたせる気持ちのいいテラスにあぐらをかき、ニシの旦那さんがナイフ一本で、細い竹ひごを何本もつくっていた。彼は三十代後半くらいの年齢だろうか。背は低いが太い首をしていて、がっちりした筋肉質の上半身がTシャツの上からでもそれとわかる。背後でバナナの

森の素材を使ったニシの家屋

大きな緑の葉がゆれていた。奥さんはぼくたちの姿を見ると、スッと家のなかに隠れてしまった。ニシのご夫婦はインド・アーリア系の容貌ではなく、ミャンマーやタイの少数民族と同じ古モンゴロイド系だとすぐにわかった。

「ご自宅は自分たちの手でつくったのですか」とぼくが訊く。

「そうです。トタンの屋根をのぞき、この家の素材はすべてジャングルから取ってきました。仲間に手伝ってもらって、そうだな、建てるのに一週間くらいかかったかな」

ニシの旦那さんに許可をもらい、昼間でも暗い伝統家屋の内に入っていった。壁も床もすべてが竹でつくられた見事な家だった。真ん中に簡単な囲炉裏があるほかは、部屋を隔てるような仕切りもなく、だだっ広い2DKくらいの広さの一間である。食器やふとん、服やカーペットをのぞけば、家財道具もほとんどなく、子どもが二人いるというこの家族が、森の恵みを受けながらシンプルに生活していることはすぐに想像できた。

つやつやの黒髪を後ろで結った三十代前半くらいの奥さんは、伝統衣装を身につけることもなく普段着で、長袖のTシャツにカーディガンを羽織っただけのラフな格好だった。シャイな人かと思いきや話好きであった奥さんから、いろいろとニシの生活習慣をうかがった。昼間は部屋の隅にまとめてある、ふとんや家財道具のほうを指さしながら話してくれた。彼女が結婚したときのエピソードが関心を引く。その遠い挿話は一〇〇年前の日本列島にタイムスリップして、東北の農家のお嫁さんの話をきいているような錯覚をおぼえさせた。

「わたしが結婚したときも、そんな難しいことはなかったんですよ。うちの旦那が両親に会いにきて、婚資として何が支払えるのかという話しあいをもちました。水牛を何頭、穀物をこれくらい、お酒がどれくらいという条件を親がだして、旦那がうなずいて、それでわたしの両親が納得したので、結婚することに決まったんです」

奥さんに話をうかがったあと、旦那さんに頼んで、少しジャングルを一緒に歩いてもらった。この森において彼ほど案内人ふさわしい人物もいない。腰にさした鉈ひとつで、雑草や雑木を刈ったり押し倒したりして、道を切りひらき、竹を切って棒状にして杖にするなど何でもこなしてしまう。タイ北部やカンボジアの山岳地帯に棲む少数民族の男たちと同じだった。ゾミアが国境をこえて、民族をこえてひとつながりの地域として考察できるという学術的な仮説が、そのような人びとの道具の使い方や、森における所作のひとつをとっても説得的にいえることではないか、と思った瞬間だった。

東ヒマラヤの祝祭

その日の夕方、宿のベッドの上でウトウトして休憩をしていると、ふいにサンゲさんがドアをノックする音で目がさめた。午後は旅行代理店やトラベルライター向けに、いくつかのミーティングやイベントが予定されていた。それには参加しなかったが、夕方からの民族音楽のイベントだけはどうしても参加してほしいという。まったく気が進まなかったが、ふたたび急峻な坂道を四駆でくだり、会場のテントハウスがある空き地へむかった。長々と式典がつづいたが、その内容はアルナチャル・プラデシュ州の州知事が話したスピーチの次の一節に集約することができる。

「インドの北東部は、山奥のなかに残された最後の秘境です。一〇〇以上の少数民族が、豊かな伝統を守りつづけています。それらはとてもユニークで独自の文化ばかりです。どうぞ北東部を旅してみてください。新たな発見があるはずです」

温和な顔の州知事はナバム・トゥキさんといい、モンパ出身の人ということだ。どうしてこのアルナチャル・プラデシュ州がインドの中央政府や軍にとって地政学的に重要であるかは前述した。長いあいだ外国人の渡航が許されず、インド国民にとっても許可証がないと入域できない場所だった。ところが近年になり、インド政府や観光庁はこの地域の実効支配を強めるために、別の政策を試みることにした。

つまり、東ヒマラヤの山峰への登山客ばかりでなく、広く国内外からのツーリストにむけて門戸を開き、この地域に特有の自然や民族多様性を観光資源にして、観光客を呼びこみ、地元経済への経済効果を発揮させようという目論見だった。そのアイデアが、必ずしもインドの中央政府からこの辺境の地への一方的な押しつけだとは限らないことは、州内を少し見て歩いただけでも感じとることができた。農業と道路工事を別にすれば、アルナチャル・プラデシュ州のタワン近郊の地域では、これといった産業は見られず、特に若い人たちが職にあぶれている様子だった。

さまざまな人のスピーチが終わると、ホテルでの立食パーティのごとく、テーブルごとに数多くのキング・フィッシャーの瓶ビールがならべられた。あまり空腹ではなかったので、インド風のカッテージチーズをフライにしたパニールを少しかじり、バダム・ミセルという玉ねぎとピーナッツを和えてチリソースで食べる地元料理をつまみに、ビールを胃のなかに流しこんだ。チベット僧院で見ることのできた祭儀や神楽、ユウン・チャップと呼ばれるチベット仏僧が容器に水を入れては捨てる修行、そして、バイカール村で農民に振るまってもらった赤いモンパ米の味などを反芻しながら、この会場で紹介される観光資源としての少数民族の文化が、いかに実際の庶民たちの生活からかけ離れているかを考えていた。

「だがしかし、これはこれで仕方がないことなのだ。どんな人間であっても、地元の人たちがより良い暮らしを望むことを、地元に経済的な効果を呼びこむことを、外側から否定することはできまい。古き良き慣習を残してほしいと、外部の者が少数民族の人たちに期待することはまちがいだ」

そんなふうにひとりで考えていたとき、何の前触れもなく、ステージのほうから美しいコーラスの歌声がシートハウス内に響きわたり、耳をつんざいた。歌声がするほうを振りかえると、前に話を聞いたナガのアンガミ部族の男性がひとりと、女性四人からなる合唱隊がステージ上に横ならびに立ち、それぞれ音程の異なる旋律を重ねあわせていた。伴奏も何もなくアカペラで歌っているのだが、その天上からおりてきた現世のものとは思えない多層的で重厚な声がひとつのうねりとなって、耳の奥にある鼓膜をこれまで経験したことがないバイブレーションで震わせた。

ナガランドの丘陵地帯で段々畑や棚田を耕すとき、ナガの人たちはせっせと手足を動かしながらも、労働歌のかけ合いでコミュニケーションをとるという。その程度の知識はもちあわせていた。しかし、そのときに耳にしたアンガミ部族の合唱は、単純な和声とは異なり、高度に洗練されたポリフォニックなもので、異なるメロディラインをそれぞれの歌い手が展開しているのにもかかわらず、お互いが絡まりあって、全体としてひとつの曲になるという複雑な構造をもっていた。となりに立ちつくして、同じようにナガの合唱に聴き惚れていたサンガさんに話しかけた。

「こうした場で民族音楽が演奏されることや伝統舞踊が披露されることに、絶望的な気分をおぼえていたのだけれど、ナガの人たちのパフォーマンスはすばらしいですね」

「ええ。あれは労働歌というだけでなく、長年のキリスト教化と教会音楽における実践とが溶けあって、何か新しい発展をとげたものだと思います」

「そうだとすれば」とぼくは興奮気味にまくしたてた。「それは労働歌の歌唱という水平的なコミュニケーションであるだけでなく、天上における神的存在から次元の異なるものが地上におりてくるような、垂直的な厳かさを兼ねそなえていますね」

「地元のものと西洋的なものの混合ですね」とサンゲさんはほほ笑んだ。

「あなたたちがくり返し、インド最後の秘境というキャッチフレーズで紹介する東ヒマラヤにおいて、表面的な部分で観光化やグローバル化が進んだとしても、新しい時代において変化しつつ、やはりちゃんと残っていく民族的な遺伝子がありますね」

おそらくそれは身体に根ざす記憶なのであろう。民族衣装や装身具など形のあるものは、たしかに目を楽しませてくれるし、物珍しさによって人びとのエキゾティックな好奇心をくすぐるものだ。だがしかし、その民族がほかの文化との混交をくり返して変化しながら、テクノロジーがどんどん進んでいく時代のなかにおいても、変わらずに継承されていくものがあるとすれば、それはいったい何であるのか。

たとえば、郷土料理を調理するときに使われる舌先の繊細さ、それを味わうときの口腔や舌にあるのだろう。あるいは楽器が西洋化したとしても、労働歌をうたうときの旋律、歌声を重ねあわせるときの歌唱法、息づかいや節まわし、声を震わせる喉にこそ、それは宿っているかもしれない。民族衣装の外見だけではなく、織物を織っていくときの指の手つきのなかに、舞踊をするときに地面を踏みしめるときの足の動作や身体の運動のなかに、それは継承されているのではないか。

そのあとにステージ上で披露された、ベンガル州やアッサム州からきた音楽家たち、メガラヤ州からきたガロや地元のニシの女性たちの歌と踊り、シッキム州のレプチャやマニプールのマニの人たちのステージについても、同じことがいえると思った。それは一九世紀に盛んにおこなわれた人類博覧会さながらの光景ではあった。物珍しい民族衣装を身にまとい、民族音楽の演奏や歌やダンスを披露する少数民族のパフォーマンスに観衆は酔いしれた。ひどく醜い植民地時代の残骸をながめている気分だったが、そのなかに何か積極的なものを、肯定的な力を見いだそうとしていた。

さて、そのような文化的なツーリズムとしてすべてを消費しようとするイベントが終わり、シートハウスの外にでてくると、空き地では地元の人たち向けのフェスティバルが催されていた。伝統的な祭儀や儀礼とはまったく関係なく、花火を打ちあげ、移動式遊園地の遊具で子どもたちが楽しそうに遊び、屋台の店でモンパの子どもや青少年たちが友だちと連れ立って夜ふかしを楽しみ、うれしそうに買い食いをしている祭りだった。ふらふらと、屋外に設置されたステージ上で、大きな音をだしているバンドのほうに引き寄せられていった。

州の北部にある高地に住むアディの人たちを中心にしたバンドだった。名前はアディ・フュージョン・ロック・バンド。リーダーをつとめるドラマーだけがニシの人で、トコ・テチという名の知れた演奏家だという。トコ・テチがタイトで複雑なリズムを叩きだし、ベースがグルーヴィーに低音で這いずりまわる。ギターがワウ・ペダルを足で踏みながら、ファンキーな一六ビートのリフを重ねていく。舞台の中心にあるマイクの前で、しゃがれた声を披露して聴衆を魅了しているのは、意外なことにアディの民族衣装を着たおじいさんだった。マハトマ・ガンジーのような細い足を見せて、鳥の羽根をたくさんつけた木の皮で編んだ丸帽子をかぶり、東ヒマラヤの夜空にむけて、音響機材によって電気的に増幅されたソウルフルな歌声を響かせていた。

「ああ、これでいいんだな」と体全体でそのリズムと歌声を感じながら、ぼくはひとりでつぶやいた。

第四章

東ヒマラヤ横断の旅

セラ峠へ

東ヒマラヤの空はきれいに晴れ渡っている。であるのだが、道行きが進むにつれて、次第に遠くに見える高地が霞むようになってきた。トヨタの四輪駆動のジープでタワンの町を出発してから、すでに一時間近く経っていただろうか。

モンパの人たちが大勢を占めるタワンの町は標高三〇〇〇メートルほどの場所にあり、運がよいことに、行きはアッサム州からその町までヘリコプターによる空路で入ることができた。今度はそこからアルナチャル・プラデシュ州を東にむかって、下スバンシリ県にあるズィロという盆地を目ざして陸路での移動である。直線距離では二〇〇キロ程度にすぎないのだが、舗装されて

いない砂礫の道路を、尾根から尾根へと曲がりくねった山道を登ったり下ったりしながら進んでいく。いったんアッサム州の平野にでてから、再び山地に上がっていくことになり、二泊三日ほどの道行きになるとのことだった。

タワンを出立して最初の難関がセラ峠である。峠へと近づいてくると、凛と澄んだ冷たい空気がほおに伝わってくる。山頂らしく浅い川が流れていて、峠をこえる道路は川の脇を伝うように走っている。時おり視界が開けると、白い雪に覆われた巨大な岩礁のような、ヒマラヤの山岳地帯が唐突に姿をあらわす。標高が四一七〇メートルあるというセラ峠は、高地でありながら草木が生えそめる世界なのだが、さらに高い世界には雪と岩ばかり広がっているのが視認できた。ものの本によれば、アルナチャル・プラデシュという州名は「太陽が昇る辺境の地」という意味だそうだ。セラ峠にはまさに辺境というにふさわしい荒涼とした風景が広がっていた[1]。

そんなセラ峠にも、人間生活のぬくもりを感じさせる場所があった。山頂付近の川のそばに開けた土地があって、岩山にへばりつくようにして、トタンの屋根と壁をもつあばら家のような家々がならんでいた。そのまわりには、砂利や物資を運ぶ長距離トラックが数台停車している。いわば、東ヒマラヤのサービスエリアだ。ジープを降りて、ひとつのトタンの平屋に近づくと、壁に直接スプレーで「ウェルカム・トゥ・ティー・ステーション」と書いてあった。

店に入ると、チベット系かモンパのような顔立ちの女性がいて、壁にずらりとお湯の入ったポットや皿や器がならんでいた。紅茶のほかにも、ポテトチップスやビスケット、それからインスタント・ラーメンなどを売っている。こんな高所の峠であっても、ちゃんと小型のガスボンベとガス台が運びこまれて、簡単に温かいお湯をわかすことができるのだ。ここはトラック運転手たちがつかの間の休息をとる場所であり、ストーブを真んなかにして男たちがおしゃべりに夢中になっていた。

ティー・ステーションの外にでて、ひとりのインド系の運転手に彼のトラックのデコレーションを見せてもらった。肌の浅黒い、まだ二十代中盤くらいの若い男だった。タワン県からきたぼくたちとは反対に、たくさんのワインボトルを載せて、これからタワンに向かうところだという。

トラックの正面は赤と青のプラスチック板を増設して、トラックの頭上に「パブリック・キャリー」という看板を掲げている。その真ん中に額縁に入った父親の写真を飾っているので、遺影のように見えてしまう。荷台の鉄製の壁を派手なグリーンに塗っており、そこにヒンドゥーの神々、蓮の花、インド国旗、鳥などの大きなイラストが描いてある。東ヒマラヤの山道を行き来する、エンジン付きの巨大な祭壇といった具合である。

セラ峠には「ここが四一七〇メートル地点」という公共の看板が立っていた。タワン県と西カメン県の境にはチベット仏教風の門が建ててあり、「タワンへようこそ」と書いてあった。アッサム州から何泊もかけて、東ヒマラヤの陸路を登ってきた人たちは、この門を見て、ほっとひと息つくのではないか。寺門の周囲には、ありとあらゆる方向に白、赤、緑、黄、青の色をしたルンタが万国旗のように張りめぐらされている。それが高山の強風にあおられて、バタバタバタバタとものすごい音を立てる。ルンタがたなびく騒がしい音に追い立てられるようにして、いよいよチベット文化圏を背にして、外にでていくという実感がわいて

東ヒマラヤを行き来するデコトラと運転手

きた。

ボンディラの町で

セラ峠から一路、西カメン県の山路を下っていく。まだ舗装道路はほとんどなく、砂利や礫を敷きつめたオフロードの道のりだ。一日中ゆられて、しかも右へ左へ曲がるたびに体重を移動しなくてはならないので、車酔いをする前にくたくたに疲れてしまった。夜になってボンディラという町の宿に到着した。建物のとなりにどぶ川があるせいか、その宿の部屋では、人生史上もっとも多い蚊とハエが出現してひと晩中悩まされることになった。宿の人にモスキート・ネットを頼んだが、そんなものは用意してないと一蹴されてしまった。

翌朝のことだ。よく眠れなかったので、朝早くからボンディラの町を散策した。東ヒマラヤからおりてきたせいか、半袖一枚で歩けるほどの暑さに肌が驚いた。ルンタを張りめぐらせたチベット仏教の寺院があった。市場には、地べたに座って、乾燥させた唐辛子を箕に入れて売っている農家のモンパらしい女性がいた。通訳をしてくれたサンゲ・ツェリング・キーさんの奥さんの実家で見た、採りたての唐辛子を思いだした。そのほかにも日用雑貨店、果物屋さん、魚屋さん、衣服店を見て歩いたが、半分くらいが山岳民族の人たちで、もう半分くらいはインド・アーリア系の人たちだった。

タワン県から数台のジープで隊列をつくり、州の中部にあるズィロという町を目指していたのだが、そのなかにアパタニの男性が参加していることを知った。三十六歳のドゥユ・タモさんで、部族文化のツアーを仕事にしており、ズィロ谷の出身とのことだ。ホテルのロビーでタモさんをつかまえて、ズィロに到着する前に、アパタニについて話をいろいろと聞くことができた。アパタニ文化の核心に触れたければ、三月に春を迎えるためにおこなわれるミョウコウという祭りを見るのが一番いい、とタモさんはいった。

「ミョウコウ祭のあいだは、他の村からいろいろゲストが来るんですよ。一日目は、女性たちが伝統衣装を着て、ライスパウダーで豚を清める。そして、豚の供犠がおこなわれ、お腹を切って心臓を取りだす。二日目はすべての男性が参加する儀礼があります。そのあとで、飲めや歌えの宴がはじまるんです。役所が組織するようなフェスティバルでも商業的なものでもなく、これは大昔からズィロの村人が続けてきた本物の祝祭ですよ」

「アパタニにおける精霊信仰について教えてもらえないですか」とぼくは訊いた。

「わたしたちはアニミストで、太陽、月、川、山、木などの自然に宿る精霊を崇拝しています。現代ではそこからリバイバルした新宗教が生まれて、ドニ・ポロ信仰と呼ばれています。キリスト教、ヒンドゥー教、仏教とは一線を画すものです。昔からつづく慣習として有名なのは、女性が顔に入れるトゥペと呼ばれる入れ墨と、ヤッピン・ホロウという女性の鼻栓ですね。むかしは、顔の入れ墨と大きな鼻栓はファッショナブルな美しさを意味しましたが、現代のアパタニ女性はそれを嫌がるようになり、今となっては中高年の女性にしか残っていない習俗です」

ドゥユ・タモさんは文字が読めない父親の世代とちがい、アパタニではきちんとした学校教育を受けた最初の世代だろうという。彼の息子さんが第二世代になるそうだ。読み書きを習い、英語やヒンディー語をあやつり、欧米諸国やインドという外部の目を借りながら、アパタニの人たちを客観的に見ることができる人たちが現われている。タモさんはズィロ谷でトライバル・ツアーを主催する旅行会社を経営し、外国人たちもよく泊まるキャビン式のホテルを所有する。いわばアパタニの未来をつくる若い世代であるが、その一方で、現代ではネガティブに見られがちな、入れ墨や鼻栓のようなアパタニの慣習を外部に紹介することをビジネスの一部として行なっている。その複雑な立場が、インタビューをするなかで、彼の表情や言葉のはしはしから伝わってきた。

そのあとも、アルナチャル・プラデシュ州を横断する旅はつづいた。あるとき、何もない山のなかでジープが停まったので、何が起きたのかと目をさました。インド人、フランス人、日本人、山岳民族から成る一同がどやどやと車外にでていく。みなが写真を撮っている先を見つめると、遠くに見える森の高所から長い長い白い筋が垂直方向に伸びていた。山の中腹から滝が流れ落ちているのだ。ぼくには、むしろ近くの道路に腰かけて、大きな岩をハンマーで細かく砕いている女性たちのことが気になった。山中を車で走っていると、そうやって女性たちが立ち働いている姿をよく見かけた。

「この小石は道路や橋の建材として利用される。五〇kgのセメント袋一袋分の小石を割って、およそ三〇ルピーの賃金になる。インド政府はアルナチャル・プラデシュ州の開発を急速に進めているため、砂利や小石は大量に必要とされている。そのため、この仕事は地元の女性の仕事として普及した。また、道路建設のために多くの人がネパールから出稼ぎに来ている」と本には書いてある[2]。こうした女性が汗水を流して働いたおかげで、舗装されておらず、よく揺れるけれども、山岳地帯の道を車で行き来することが可能になっているのだろう。感謝しなくてはならない。

その後、イタナガールではダライ・ラマ一四世にゆかりのあるゴンパ（仏教寺院）を訪ねてから、久しぶりに都会といえるほど大きな町で一泊した。いったんブラマプトラが流れる平野までおりて、アッサム州の青々とした茶畑が広がる景色のなかを、四駆のジープはものすごいスピードで走り抜けた。そのあと、ふたたび入域許可証の必要な山岳地帯のエリアに入り直し、ニシの人たちの暮らす村を訪ねてから、東ヒマラヤの山を北上して、最後にズィロの町に着いたときには三日目の夜になっていた。

ズィロの谷

アッサム州から北に登り、マクマホン・ラインでチベットに接する東ヒマラヤの地域が、長いあいだ西洋の人間から未踏の地とされてきたのには、さまざまな理由があるだろう。急峻な山岳地帯が広がっているのに加えて、世界でも有数とされる雨の多い地域といわれ、川や小さな水の流れが道を押し流し、交通がとても不便な土地であった。それから、勇敢な山岳民族の人たちが、英領だった時代のインド人やイギリス人をはじめとする西洋人が侵入してこないよう、強い抵抗を見せたことで探検が困難だったともいわれる。

一九四四年、日本軍がビルマからこの地域へ征西してくる勢いであったので、英領インドの政府は、フューラー・ハイメンドルフというオーストリア出身で、ロンドン大学で教鞭をとっていた文化人類学者に、インド北東部の辺境州における未踏地を調査することを依頼した。まさにそれは探検というのにふさわしい調査行であり、それについてはハイメンドルフが物した「ヒマラヤの蛮族」という文章に詳しい（一九七〇年の翻訳であり、現代では受け入れがたい訳語が使われているがママにしてある）。その調査の目的は、まだインド政府のガバナンスがおよんでいない山地民と友好な関係を築き、少数民族の状況やその風俗に関してデータを集めつつ、スバンシリ川の上流

地域を調査することにあった。(3)

ハイメンドルフがぜひとも訪れたいと願ったのが、アパタニの人たちが住む高地のズィロ谷であった。アッサムの平地でアパタニ語を理解し、アッサムの言葉に堪能な平地ダフラという民族の男を彼は通訳に雇った。ポーターたちに荷物を運んでもらい、東ヒマラヤの山岳地帯における深緑の森のなかを、少しずつ徒歩で進んではキャンプを張って泊まるという道行きだった。現代のように飛行機やヘリコプター、あるいは自動車で一挙に道路を登ってしまう旅では気づかないような繊細な事柄をハイメンドルフは察知している。

わたしたちは森林地帯を一歩々々のぼっていった。のぼるにつれて、森の木がかわっていった。徐々に亜熱帯の常緑樹が落葉樹といりまじった温帯の半常緑樹にとってかわられていくのである。約四五〇〇フィートまでのぼると、樹木も小さくなり、葉もすくなくなって、普通の、幹が太くて頭でっかちの竹にかわり、毒があるといわれる、小さなほっそりした竹がはえていた。これが狩猟の矢につかわれる竹で、ダフラ族は、この竹の先をとがらした矢で傷つくと、人間でもあっというまに死んでしまうと信じている。(4)

ハイメンドルフたちの一行は延々と山のなかを登っていき、ついにたどり着いた地域に広々とした盆地があって、そこに水田地帯の風景が広がっていたことに驚いた。アパタニは古来から水稲によって、豊かな富を築いてきた民族だっだ。驚いている間もなく、ヨーロッパからきた珍しい来訪者のまわりにアパタニの老若男女が群がり、自分たちと異なる珍奇な姿をしたハイメンドルフのことをひと目見ようと押し寄せた。そして、その顔や髪や体軀を見ると、娘たちがくすくす笑ったり、大人も驚きのあまり口をあんぐりと開けたままで強い反応を呼び起こしたという。

そんなふうにハイメンドルフたちがズィロ谷を訪れてから、六十年の月日が流れていた。早朝に宿で目がさめると、ズィロの盆地には白くて濃い霧がかかっていた。外にでると一〇〇メートル先も見えなかった。真夏の陽気だった平地のアッサムに比べて、肌寒さを感じてしまうくらい涼しい。途切れなくつづく虫の音が、街路や田畑や野山に遍満しており、それをときどき野鳥とニワトリの鳴き声が切り裂いていく。コンクリート製の家屋や、トタンの壁や屋根をもつ民家があるなど、近代的な建物が多いが、時おり昔ながらの竹を建材にした高床式の家屋や木材による建築物もある。昔の屋根はトタン板ではなく、ニッパヤシの葉で拭いていたそうだ。

どこかに行くあてがあるわけでもなく、しかし何かに魅せられ、誘いだされるようにして、ズィロ谷の郊外の道を歩いていると、ひとりのお母さんと三人のお子さんがいるアパタニの農家があった。家屋と隣接する敷地には広い畑があり、一メートルほどの高さの高床式になった倉庫のなかには、大きなカボチャが山となって積まれている。家族が暮らす家屋は水色に塗ったコンクリートの建物だったが、なかに入ると部屋の真んなかに囲炉裏があり、焚き木からオレンジ色の炎があがり、調理鍋のなかのお湯が沸騰していた。囲炉裏の上に無数の焚き木が、天井から吊るされるかたちで収納してあり、炉の火や煙によってそれらを乾燥するのだという。おそらく供犠にされたのだろう、囲炉裏の上に大きな角をしたミトゥン牛の骸骨が飾ってあった。

浅黒い肌をして、がっしりとした体格の母親が、鉄製のトングを使って朝食を料理している。燃えさかる鉄鍋のなかでは、ぶつ切りにした野菜と肉がぐつぐつと煮こまれていた。居間の内側は伝統的な竹織りの壁になっていて、そこに子どもたちが数字や単語をおぼえるための挿絵入りの表が貼ってある。父親は朝早くから畑仕事にでかけたのか。ちょうどアパタニの農家では、お母さんと子どもだけで、これから朝ご飯を食べるところだった。電気もガスも通っていない家だが、水道はきていて、特に日々の暮らしに不便なところはないようだ。家族が食事をしている傍らに座り、子どもたちから竹は「ビジェ」で、タケノコは「ヤプー」、父親は「アボ」で、塩は「タピュー」というのだとアパタニ語を少しだけ教わった。

アパタニの人びと

ズィロ谷で通訳兼ガイドについてくれたのは、チュク・ナナというニシの二一歳の青年だった。学校で習っただけという心もとない英語だったが、彼は125ccのオートバイを持っていたので、後部座席に乗ってどこへでも行けるという便利さがあった。チュクは短い前髪に整髪料を塗って濡れたように見せていたので、バイクのヘルメットを脱ぐたびに気にして髪を直していた。お年頃なのかと思いきや、すでに奥さんも子どももいるとのことで大変驚いてしまった。ふだんは何をしているのかと聞くと、「ぶらぶらしているけど、近いうちに旅行会社で働けるようになりたい」と教えてくれた。いわばインターンの学生のような立場の若い人が、ぼくの相手役と決まったわけだ。

インド製のバジャージ・オートがつくった「ディスカバー」という車種のバイクをチュク・ナナが運転して、ぼくを後部座席に乗せてズィロ谷の田園地帯をさっそうと走り抜けていく。下スバンシリ県にあるズィロは、標高が一六〇〇から一七〇〇メートルほどの高地にある。見事に平らな盆地になっており、周辺を高い山々にかこまれていた。六十年前にハイメンドルフたちが東ヒマラヤに登ったときも、高地にこれだけの平野が広がっているとは思わなかっただろう。二〇一一年の調べによれば、その盆地にアパタニを中心として、およそ四万三〇〇〇人が暮らしている。ズィロには八つの村落があり、それぞれの村は氏族組織（クラン）から成り立っている。

チュク・ナナがバイクを停めると、そこは金色のカーペットが広がる秋の田園地帯だった。泥でぬかるんだ田んぼのなかで、三人のアパタニ女性がくわで泥を掘り返していた。高地は乾燥しやすいので、水田のなかに水が平等に行きわたらないと、稲の成長が悪くなってしまうからだ。女性たちは野良着姿で、頭には日除け用の布をまいている。ぼくたちは田んぼの畝に立ち、数メートル先の女性たちと会話をしたのだが、それだけの距離があっても女性の額から下にまっすぐ伸び、顎のあたりに数本の縦線で入れられた緑色のトゥペ（入れ墨）はよく目立っていた。

「どうして女性たちばかりで農作業をしているんですか」と質問すると、それを英語から現地の言葉に翻訳して、チュク・ナナが農婦たちに伝える。

「朝からいっしょに働いて、午後一時の昼ごはんとお茶の時間まで、男たちも野良に出ていたんだけど、もう家に帰ってしまったのよ」と体軀の立派な女性が答えた。

「どうしてですか」

「以前は男たちもよく働いたんだけど、いまでは怠け者になってしまった。だから農作業から家事や子育てまで、すべてを女がやらなくてはならないの」と不満げにいった。

農作業や数多くの家事を女性たちに任せて、アパタニの男性たちは、もっぱら村のなかの駆け引きや政治、儀礼や話し合いに時間や労力をさいているという。女性たちが立ち働く田んぼの近くに、二頭の牛が放し飼いになっていた。一頭は真っ黒な牛だったが、もう一頭は模様が特徴的なミトゥン牛だった。額がとても広く、平らになっていて、その先に大きな二つの角を生やしている。体の全体はクリーム色の毛で覆われているが、目のまわりと鼻が真っ黒になっており、体にも黒ぶちがあるのでパンダのようだ。左右に水平に長く飛びでた耳が、どんな動物にも似ておらず、小さな物音を集める集音器のように前方にむけられている。

ぼくが近づいていくと人懐っこくて、餌をもえると思ったのか、舌をなめて尻尾を振りながらうれしそうな素振りをした。朝方に農家で見せてもらったミトゥン牛の骸骨と角は、囲炉裏から立ちあがる煙にいぶされて真っ黒になっていたので、とても同じ動物のものとは思えない。また、ミョウコウ祭などアパタニの重要な年中行事では、何頭ものミトゥン牛がそれぞれの家の豊かさの象徴として、供犠にされて食されるとドゥユ・タモさんから聞いていたので、こうして愛らしい動物の姿を見てしまうとかわいそうに思えてきた。

「ミトゥン牛に関しては、ニシのほうがシビアですよ」とチュク・ナナがいう。

「どういうこと？」とぼくが訊く。

「ミトゥン牛は神聖な動物なので、家の財産を意味します。ニシの男性は結婚するときに、女性の両親からたくさんのミトゥン牛を婚資に差しだすように求められる」

「そうなんだ。結婚は人生のなかの一大事だね」

「ええ。人によっては少しずつ稼いで、二十年以上かけてミトゥンで支払ったなんて例もありますよ」といって、チュク・ナナは苦笑いした。

ドニ・ポロ信仰

それから二〇分ほどバイクに乗って、アパタニの伝統的な家屋が数多く残り、ズィロでも大きな集落を形成するという南部のホンという村へ移動した。その地域には、昔ながらの竹建築の家々が立ちならんでおり、いにしえの時代にタイムスリップしたかのような感覚になった。それに加えて、家屋と家屋のあいだが非常にせまく、迷路のような小道が張りめぐらされていて、チュク・ナナの先導がなければ迷ってしまいそうだ。そんな集落の中央に、大きな木の板をならべた高床式家屋で、三角のトタン屋根のあるラパンと呼ばれる集会場があった。ミョウコウという祭りの折には、その場所で祖先を祀り、豚、ニワトリ、犬といった動物を生け贄に供す儀礼がおこなわれる。

集会場のすぐ前には、バボと呼ばれる背の高い木柱が立っている。先端のほうでT字型になっているので、電柱に似たかたちだと思えてしまう。ミョウコウ祭を調査した文化人類学者の鈴木正崇によれば、各クランの人たちが共同作業で森から木を切りだし、柱の上部に一箇所、箕でつくられた旗を取りつける。一九七〇年代までは蔦のロープをバボの上部から集会場までかけ渡し、「若者が蔦を伝って登って、降りる時は宙返りをするなどアクロバチックな動きを演じたが、柱にする太い木が無くなり、折れる危険性が生じたので現在は中止されている」とのことだ。バボとは、ウィという神霊を招くためのものであり、若者によるアトラクションも単なる身体能力の誇示だけでなく、神霊を迎えるという深い意味あいがあったようだ(5)。

「こっちに行きましょう」とチュク・ナナがいう。アパタニの伝統的な家屋がずらりと立ちならぶ風景は、なかなかに壮観なものだった。それぞれの家屋は高床式になっており、家の前に張りだすようにして設えられたベランダを木柱が支える。ベランダには木板に簡単な足場を取りつけただけの階段か、コンクリート製の階段があってあがれるようになっている。壁と床は平たい竹材で編んだ建築物である。なかには、庭にバボを立てている家屋もあった。

伝統家屋の前に立てられたバボ

最初に訪ねたのは、四十代の中年主婦がいるお宅だった。家の真んなかに囲炉裏があり、その上に吊るした物置き場に焚き木を寝かせて乾燥させているところは、アパタニのどこの家にでも共通している。家のなかはうす暗いが、この家には電気が通じていて、外から入ってくる入口の頭上には蛍光灯が取りつけてある。主婦の顔には、額から鼻にかけて垂直に伸びた緑色のトゥペが彫られていた。縦に数本入れたあごの入れ墨は、もうその色が抜け落ちてしまっており、彫ったときの傷あとだけがミミズ腫れのように生々しく残っていた。

「あなたが経験した結婚は、どのようなものでしたか」とぼくは主婦にきいた。

「まだ少女のときに、親の言いつけで望まない男性と結婚させられました」

「そのときの婚資は何でしたか」

「わたしのときはミトゥン牛ではなく、豚とかニワトリとか、それから他の家財道具だったと思うわ」

「ご自分のトゥペについては、どのように思っていますか」

「まだ小さい頃に、親からの言いつけで顔や手に入れ墨を入れさせられました。自分でその可否を判断できる年齢ではなかったので、とても不安に思ったことは良くおぼえています。どうやって入れ墨をしたのか、その方法は思いだせませんが、いつの間にか入れられていたという感じね」

チュク・ナナの後ろについていき、何軒か先の民家まで歩いていく。アパタニの伝統的な儀礼では、ニブと呼ばれるシャーマンが中心になって、精霊に祝詞をあげたり、動物の供犠をしたり、さまざまな祭祀を進める。新宗教であるドニ・ポロ信仰においては、その役割を司祭が担うので、その人は「プジャリ」とかプリーストと呼ばれる。「ドニ」は太陽、「ポロ」は月の意味である。少し話は逸れるが、アパタニの民族がいったいどこから来たのかという来歴は、一説によれば、元々はモンゴルに起源があるとされ、五〇〇年くらい前にズィロに定着したと考えられている。アパタニという呼び方は、彼ら彼女たちが尊敬する神話のなかの祖先、アボ・タニの名前に由来するという(6)。ふたたび研究論文を参照すれば、

アパタニ族は文字を持たず、口頭伝承で神話・歴史・慣習・祭祀などを伝えてきたが、祭司が老齢化して継承が難しくなってきた。そこで、新しい動きとして、部族の伝統を伝えていくために、知識を収集して、文字で書き表して体系化して教義書にまとめ、神霊を讃える歌謡集を作成し、ネッロ（Nello）という教会に類似した祭場を創設して、内部に太陽や月を最高神として崇拝する祭壇を作って拝む。太陽と月は真実や正義を司る神霊で、自然の象徴でもある。岩・石・樹木にも神霊が宿ると考える(7)。

ここで論述されているネッロと呼ばれる教会を見学した。たしかに毎週木、その場所に集まって説教があり、歌をうたうという行為からして、キリスト教会のミサの形式を踏襲していることはまちがいない。しかし、そこで信者たちが崇めるのはイエスやマリアではなく、太陽神の旗である。その信仰のなかで理想とされるのは、アパタニの伝統的な生活、つまりは竹製の高床式の

伝統家屋であり、豊かさの象徴としてのミトゥン牛であり、共同体の結びつさを意味するラパンという集会場なのだ。失われつつあるアパタニの伝統に回帰しようとする宗教運動が、キリスト教会の形式と習合して、新しいリバイバルとしてのドニ・ポロ信仰になっている事実はとても興味ぶかい。

そういわれてみると、戦争からの避難民なのか、大きな帝国から抑圧を避けた移民なのか、最初は何が原因だったのかはわからないが、アパタニの人たちが移動してきてズィロ谷に住み着いたのは、たったの五〇〇年前だという説なのだ。民族的な起源をその程度までしか遡れないのだとしたら、もしかしたらアパタニもまた、もとは平地民であり、何かがきっかけとなってゾミア（山岳地帯）へ逃げこんだ移動民や避難民の一団だったのかもしれない。そうした人たちは、自分たちの伝統を保持するだけでなく、他者がもつ要素を巧みに自分たちのなかに取りこんで活用する能力に長けている。

ちょうどネッロからでてきた中年女性がいたので、「あなたにとってドニ・ポロ信仰はどんなものですか」という質問を投げかけてみた。「ドニ・ポロはね、太陽の神さまでね、いたるところにいるのよ。わたしの両目のなかにも、口のなかにも、胸のうちにも、ひざのあたりにも。そうして、わたしのなかに入ってきて、光や力を与えてくれる存在なの」と、きらきらと目を輝かせて、ほほ笑みながら答えてくれた。

註

1 『神秘の大地、アルナチャル』水野一晴著、昭和堂、二〇一二年、三頁
2 同右、一頁
3 「ヒマラヤの蛮族」ハイメンドルフ著、常盤新平訳、『現代の冒険6　未開の土地の部族』川喜田二郎責任編集、文藝春秋、一九七〇年、三六七頁
4 同右、三八三頁
5 「インド北東部アパタニ族フィールドノート―ミョウコウ祭を中心として―」鈴木正崇著、『白山人類学』二三号、二〇二〇年、二七一―二七二頁
6 『APATANI STYLE』榎並悦子著、光村推古書院、二〇二一年、四頁
7 「インド北東部アパタニ族フィールドノート」二七八頁

第五章
アパタニの暮らす谷

アパタニの女性たち

タゲ・タビンさんという地域のニブ（シャーマン）がいるというので、お話をうかがうために自宅へむかった。ところが、その人はほかの村へ出かけていて家には不在だった。その代わりに、タゲ・ヤポさんという名前の老妻が在宅しており、いろいろとお話をうかがうことができた。

彼女は年齢は数えていないので、はっきりとはわからないという。長年にわたる農作業によって顔が日焼けしており、顔には深いしわが刻まれていたが、健康を物語るようにその肌はつやつやしていた。八十歳くらいに見える容貌ではあったが、実年齢はせいぜい六十代後半くらいなのかもしれない。額から鼻の頭にかけて、見事な太い入れ墨を彫っており、あごに入れた数本のトゥペも、とても色が濃いものだった。ヤッピン・ホロウと呼ばれる鼻栓は大きくて立派だった。

「あなたが鼻栓を入れたときのことはおぼえていますか」

「アパタニの男性が竹のスティックを用意して、その先をするどく研ぐのよ。それで鼻の皮膚に突き刺して、穴を開けるのよね」

つづけて話をうかがおうとすると、タゲ・ヤポさんは何やら話をしながら囲炉裏のほうへ行ってしまった。どうやら調理中の鍋が気になっているようだ。そうして、蓋をしたり鍋の下に焚き木を加えたり、火のまわりに寄ってくる子犬を追い払ったり、忙しなく働いていた。しばらくすると、いったん落ち着いたのか、つづきの質問をすることができた。

「入れ墨を入れたときの様子を教えてください」

「やっぱり村の男の人たちがね、竹の棒の先をすごく尖らせたり、植物のトゲを持ってきたりしてね。それらを使ってあごに彫っていくのよ、墨を入れながらね。小さなハンマーで叩いていくから、それはそれは痛かったわ」

「鼻栓のほうはどうやりましたか」

「鼻栓は薪が墨になったものを使ってつくるんだよ。トゥペもヤッピン・ホロウも両方入れているのは、あたしたちで最後の世代じゃないかい。娘や孫たちの時代になると、もう廃れてきていたからね」と答えてくれた。

一九四四年にフィールド調査をしたハイメンドルフは、英語ではノーズ・プラグといわれる習俗を鼻飾りと呼んで、次のように報告している。

鼻飾りを通す孔は幼いときにあけられ、はじめにさしこまれる小さな木のピンは、年とともにだんだん太くなっていって、ついには鼻孔も、黒くした木の飾りがはいるほど広がるのである。どんな女も、野心はなるべく大きな鼻飾りがつけられるようになることだ。しかし、このような野心を実現するのは危険なことなのである。虚栄心が強いばかりに、鼻飾りをあんまり急いで大きくすると、膨張した鼻孔が裂けてしまうからだ。アパ・タニ族の美女にとっては悲劇である。[1]

写真家の榎並悦子による、アパタニのヤミャンという高齢女性への聞き取りでは、むかしの女性は十歳くらいになると入れ墨を入れるのが一般的だったという。この女性の場合も、針はやはり植物のトゲ、墨は調理鍋に残った煤と豚の脂肪を混ぜあわせたものを使い、当時の人たちは季節ごとに入れ墨をより深く、より濃くすることを楽しみにしていた。男性にとっても女性にとっても、入れ墨は大人になるためには不可欠なもので、それがなければ結婚の対象になることも考えられなかったとの証言を得ている。[2]

これが本当だとすると、ぼくが他の場所できいた説は真実ではないことになるだろう。それによれば、古来よりアパタニの女性は美しい人が多くて、ほかの部族から狙われたりさらわれたりすることが多かった。そこで女性の顔に入れ墨を入れて、鼻に穴をあけて鼻栓を入れて、わざと醜くみせることで、それを防ごうとしたというのだ。これは旅行ガイドや旅行会社が流布したあやまった言い伝えだということになろう。もし醜く見せるのが目的だったとしたら、親たちが子どもにそれを強いたり、女性たちが競うようにして入れ墨を入れたりしたことの説明がつかない。現代のアパタニ女性のひとりが、次のようなフォークロアを紹介していることからも信憑性は低いといえそうだ。

昔、Ami Niido Niinyiという女性がいた。彼女は誰かがプロポーズしてくれるのを待っているうちに老いてしまった。そこで精霊にお願いしたところ、「若さと美しさを取り戻すために顔にTwpe（タトゥー）をし、Yapin Hulo（ノーズプラグ）、Yaru Hoxo（イヤリング）、そしてKupu（バングル）を身に着けなければなりません」との啓示があった。その指示に従うと彼女は再び若く、美しくなり幸せな結婚をすることができた。この神話が物語るように、タトゥーとノーズプラグは美しさと豊穣のサインでした。(3)

それでは、どうしてトゥペやヤッピン・ホロウのような習俗は廃れてしまったのか。誰に聞いても教えてくれるのが、一九七三年ごろにズィロの町にアパタニ青年協会がつくられて、アパタニの人たちにおける一種の地位向上の運動がはじまったことだ。そのなかで、旧弊な悪習をすてることが選択されて、男性も女性も顔に入れ墨を入れて、鼻に穴を開けて栓をするような古い慣習をやめることになったという。その頃から、若い女性たちが両者を嫌がるようになったともいわれる。そうやって古い習俗がなくなることのほかに、何か時代の流れを感じるような事象があるか、タゲ・ヤポさんに質問をしてみた。

「昔といまと、ズィロ谷の生活で異なることはありますか」

「むかしは、やっぱり親の意見が絶対的だったと

タゲ・ヤポさんとミトゥン牛の頭骨

ころかね。子どもは親の言いつけには、なんでも従わなくてはならなかったよ。野良に行けといわれれば黙って野良に行くし、米を炊けと言いつけられれば薪の火を起こした。親のいうことに逆らうことなんて考えられなかったね。でも、今はそうじゃないだろ?」

そういったあとで、タゲ・ヤポさんが調理鍋のふたを開けると、立ちこめる湯気のなかから炊きたての白いご飯があらわれた。彼女は竹製のへらを手にとり、飯粒のなかに差しこんだ。そして、そこに付着したご飯を見て、炊き具合を確かめていた。彼女の背後にある壁には、大きな角をしたミトゥンの大きな頭骨が縦に四つ、横に二列ぶら下がっていた。ほかに訪問した家庭では、これだけ多くの頭骨を目にしたことはなかったので、この老シャーマンの家がとても豊かであり、隆盛を誇るような歴史をもっていることがひと目で了解された。

女性たちの伝承

ある日のことだった。下スバンシリ県が運営する博物館で、アパタニの伝統的な模様を織る機おりなどを見せてもらったあとで、博物館の展示物を何気なく見て歩いていたときのことだ。ぼくは一枚の手描きの地図の前で、足を止めた。そこにはアルナチャル・プラデシュ州を描いたシンプルな地図の上に、どの地域にどのような少数民族が暮らしているのかがわかりやすく、彼ら彼女たちが民族衣装を着ている姿で示されていた。タワンの町がある西カメン県には、モンパのほかにミジやアカの民族がおり、下スバンシリ県にはアパタニ、ニシ、タギンといった民族が暮らしている。これでも、まだ州内のほんの入口部分に過ぎない。東ヒマラヤの一帯に広がるこの州には、アディ、メンバ、ミニョン、パダム、ミシミといった、まだ見ぬいくたの少数民族たちが住んでいることが、簡易な地図のおかげでわかり、胸が高鳴った。帰国してから本で調べたところ、アパタニという民族名称に関する次のような記述が見つかった。

この名称は、彼らと同系統の言語を話すタニ・グループに属するアディ（Adi）、ガロ（Galo）、ニシ（Nyishi）、タギン（Tagin）などの部族が共通してその祖先と信じているアボ・タニ（Abo Tani）に由来し、アボは「父」、タニは「人間」を意味している。現在はアパタニ（Apatani）と記すようになっている。(4)

少し前にも触れたが、アパタニとは「祖先の人間」の意で、複数の民族や部族のグループに共通する神話的な祖先を指す言葉である。それがアパタニの場合は、民族の呼称になっているのだ。一九四四年にズィロで調査したハイメンドルフは、まわりに暮らすほかの民族に比べて、アパタニの人たちが比較的裕福で安定した生活水準を続けてきたことの理由として、ズィロ谷の全体に広がる水田を中心とした農耕という要素をあげている。ハイメンドルフによれば、当時のアパタニは近隣の村やほかの民族とのあいだで、自分たちが生産した米を、奴隷やミトゥンや豚などと交換することで富を築いていた。

「伝説によれば、彼らの祖先たちがはじめて東方の遠い国からやってきたとき、この谷は沼沢地で、トカゲに似た巨大な怪物が棲息していた。先祖たちはそうした沼沢地を開拓し、ばかでかい爬虫動物を征伐して、耕作をはじめた」というズィロ谷の創世神話をハイメンドルフは収集している。[5]

たしかに、それから六十年が経ったズィロ谷においても、アパタニの男性や女性、青年や少女たちが田畑で協同して働き、小川をせき止め、水田に水が流れこむように工事をしたり、大きなくわをふるって泥まみれになりながら田んぼを開墾する姿をたびたび目にすることがある。まわりの村や異なる民族との物々交換がうまくいかないときには、襲撃や略奪や儀礼的なものを含む首狩りの習俗といった衝突をくり返しながらも、アパタニが安定的に人口を増やすことができたのは、やはり田畑からの継続的な収穫という富の蓄積があったことが、大きな要因であったと見てまちがいないだろう。

今日もチュク・ナナのバイクの後部座席に乗せてもらい、ズィロの盆地を走っていく。夕方に差しかかる時間だったが、まだまだ陽は高く、生あたたかい風がほおを撫でている。それでも、農作業を終える時間なのか、カゴを頭に引っかけて、農具を手にもった人たちが家路についているところだった。そのほとんどが女性だった。偶然ではあったが、道ばたにしゃがみこみ、何やら手を動かしている七、八人の女性たちのグループに出くわした。丁寧にあいさつをしてから、何をしているのかを見せてもらった。額から鼻にかけて、それからあごのところにトゥペの墨を入れている女性ばかりなので、中高年以上の年齢層なのだとわかった。その年代のアパタニ女性であっても、ヤッピン・ホロウという鼻栓を入れている人は半分以下の三人しかいなかった。

それぞれの女性が路傍に生えそめた草むらから、うす緑色の雑草の茎を折りとっていく。それらを道の上に無造作におき、どの茎を使おうか吟味していた。日本でいえばタンポポの茎に似ているだのが、もっと固くてしっかりとした草の茎であった。それから、自分の好みの茎を選びだすと、茎のなかにできた空洞にさらに細い枝を何度も差し通して、きちんと空気が通るようにアレンジした。その茎に安全ピンで、五つの穴を開けていった。

「これでできたかな」と、ひとりの女性がつぶやいた。

女性がその草笛を吹くと、プーッとふくよかで柔らかい音がでた。リコーダーのように指で穴をふさいで音程を変えていく。試みに擬音的に表現してみれば、プー、プルプブー、プルプップーといった小さなラッパのような音色だった。

「音がイマイチかな」

「そうね、茎が太いのかも」と、たがいに感想を言いあっている。

「ほら、そっちをご覧よ」と、長老株の女性がぼくに振りむくようにうながす。

首に黒と赤と黄色のビーズのネックレスを二〇本から三〇本ほど巻きつけて、それを黒いスカーフのように垂らしている女性がいた。彼女は大きな鼻栓を入れて、鼻のかたちが変わるほどそれを強調している。いうなれば、彼女はアパタニにおける草笛吹きのジョン・コルトレーンだった。まず、音色が草笛とは思えない、木管楽器のような美しい音がでていた。細い茎の上で器用に左右両手の五本の指を動かし、トゥー、トゥルルー、トゥールルー、ティロといった感じで、さまざまなリズムを組み合わせながら、まさに茎によってソロ演奏をするのだが、即興演奏でありながら十分な表現力をもっていた。

草笛を吹くアパタニ女性

ぼくはその素朴な音色にうっとりと耳をすませた。高度で複雑な楽器をつくり、あるいはピアノやヴァイオリンのような制度化された楽器という道具を手に入れて、それに習熟して音楽を演奏するという行為がなされるよりもずっと以前から、もしかしたら人類はこうして身近にある自然の素材をつかって、音をだしてみることをシンプルに楽しんできたのではないか。そんなことを改めてアパタニの女性たちに教わって、頭が下がる思いだった。ネックレスの女性は、草笛をひと通り吹き終えると、ほかの女性たちと顔を見あわせて照れ隠しに笑っていた。

アパタニの民族舞踊

よくよく話を聞いてみると、この女性たちが農作業のあとに集まっているのは、夕方のあいた時間で、アパタニの伝統的な詠唱（チャント）と舞踊を練習するためということだった。それはちょうど良いということになり、ズィロ谷の農道を一緒に歩き、林のなかの道を抜けて、彼女たちが練習する場所までついていった。

その道程で、竹製の高床式家屋がならぶ界隈を歩いていると、一軒の家の前に、まだ新しい魔除けのアギャンと呼ばれる祭壇がつくられていた。となりを歩いていたニシのチュク・ナナの説明によれば、アパタニの人たちのアギャンには精霊やその役割によって、いろいろな種類があるということだ。地面に差した竹の棒に、さまざまな木の枝を結びつけて、その上に竹で編んだ細工がほどこされている。その祭壇の前で、供犠にしたニワトリの羽を供えたり、ときにはニワトリの卵やその肝臓で占いがおこなわれたりする。

ちょうど、アギャンの前でニブと呼ばれる老シャーマンが呪文をぶつぶつと唱えているところだった。彼のまわりにしゃがみこみ、神妙な面持ちでうつむいてそれを聴いている人たちは、この家の住民なのであろうか。ニブが祈禱を唱え終えて、ひと通りの儀礼が終わったらしく、集まっていた人たちは三々五々に散っていった。そこでニブに話しかけてみると、偶然のことだったが、この人こそが、先日いろいろとお話をきいたタゲ・ヤポさんの夫のタゲ・タビンさんだった。事情を話すと理解してくれたらしく、にっこりと笑ってぼくの質問に答える時間をとってくれた。

「うーむ、この家の夫婦はとても裕福なのだけれど、結婚してから七、八年は経つというのに、まだ子宝に恵まれることができないでいる。そこで頼まれて、いくつかの儀礼や祈禱をしているんじゃ。今日は悪霊を追い払う祈禱ではなくて、ほかの場所にある祭場で供犠したニワトリの肝臓で占いをしたあとで、祖先の霊に満足してもらうため、自宅のアギャンの前まできて祈禱をしたところなんじゃよ」

このように、アパタニの人たちがもつスピリチュアルな世界観にふれると、ぼくはなつかしいような感覚をおぼえる。自分で体験したことはないのだが、それは一〇〇年か二〇〇年前くらいまで日本列島の各地に確実に生きていたであろう、ふつうの庶民における目に見えない霊的世界への感性であった。現代にいたってもまだ東北の山中や沖縄の離島までいけば、かすかに残っていることが感じられる祖霊崇拝やアニミズムを信じる心根のことである。ドニ・ポロ信仰の女性にインタビューしたときにも同じことをぼくは感じた。アパタニの人たちは山や川、森や林、田んぼや野原、村の領域や家のなかや外など、ありとあらゆる場所に神々や精霊が宿っていることを知っている。そして、人間同士が衝突せずに平和に暮らし、家族の健康が守られ、農作物が豊かに実るためには、人間をこえた世界における存在、つまりは精霊的で霊的な存在の荒ぶる力とのあいだで調停をする必要がある。そのようなときに、霊的存在と人間とのあいだに入り、祭祀や儀礼を通じてふたつの世界を取りなすのが、ニブとかプリーストとか呼ばれるシャーマンの役割なのだ。

そうやって寄り道をして、タゲ・タビンさんにお話を聞いていたので、少し遅れてぼくとチュク・ナナは女性たちのあとを追うことになった。彼女たちが舞踊の練習に使っているのは、コンクリート製の新しい家を建設している工事現場であり、まだ建物の基礎と壁ができているだけのふしぎな空間だった。そこは人間の声が心地よく響くので、チャントと舞踊の練習にちょうどいい場所として使っているのだという。

女性たちのグループのなかにひとり、ほとんど前歯のない歯茎をむきだしにして心から楽しそうに笑う、少し知的障がいをもっているらしい中年女性がいた。彼女を群舞の中心にして、ほかの女性たちが縦二列にならぶ。そして、足を踏んでゆったりとしたリズムをとって、両手を左右同時に前後に動かしながら体全体でゆれ動き、ステップを踏んでいく。「ダミンダ」と呼ばれるチャントと群舞の練習だった。前歯のない女性が独唱でひとつのフレーズを詠唱すると、つづいてほかの女性たちが同じフレーズを合唱でリフレインするという具合に進んでいった。それをくり返す、きわめてシンプルな詠唱法であった。

群舞の隊列のまま、ときどき女性たちが踊りながら一緒に左側をむいたり、反対に右側をむいたり、全体としていくつかのバリエーションを入れていた。三十代半ばくらいの比較的若い女性がやってきて、ああでもないこうでもない、と中高年の踊り手のひとりひとりの動きに指導を入れた。そうしたところ、見ちがえるほど女性たちの動きがよくなり、両手の振りと足のステップと体全体の動きによって、音楽のリズムに乗って踊れるようになってきた。チュク・ナナの解説では、何か理由があってアパタニの村から旅にでた主人公が、いくつもの困難を乗りこえて、また帰還してくるという叙事詩を、同じメロディで何度もくり返して詠唱しているのだという。同じ節回しで異なる内容を歌っていくのは、おそらく記憶術と関係しているのではないか。

数日後、中高年の女性陣が、ダミンダの伝統舞踊を披露する本番に立ち会うことができた。外部からきた客人たちを歓待し、交流するための催しでそれはおこなわれた。アパタニ女性の伝統的な正装では、白い上着に紺の巻きスカートというイメージが強いのだが、このときはもっと始原的なアパタニの姿を想像させる出で立ちをしていた。額から鼻にかけてトゥペを入れて、あごにも数本の入れ墨がある中高年の女性たちが、片側の肩から胴体にかけてベージュ色のサリーのように長い手織りの布を巻きつけている。そして、首から四〇センチや五〇センチの長さがありそうな立派なビーズのネックレスを、三〇本くらいぶら下げている。手首には、銀色や金色の昔ながらの大きな腕輪（バングル）をつけており、それは素朴な姿でありながら豪奢でもあった。

まず最初に、草笛の得意な女性たちが四人ほど交代で登場し、野草の茎を笛にして、みごとな即興演奏をしてみせた。先日の練習では、女性たちはこの日のために草笛をつくり、相談しながら、いい音をだせるように試行錯誤をくり返していたのであった。それから、ひとりの歌い手を中心にして、三人の女性が縦に二列をつくり、ダミンダのチャントと舞踊がおこなわれた。

ズィロ谷ではこうして数百年も前から、女性たちが入れ墨やヤッピン・ホロウ（鼻栓）やビーズのネックレスで飾り立てて、特別なときに群舞を披露してきたのだろう。その歌声はか細くて、秋のすずしい夕暮れどきに聴いていると眠くなるくらい心地がよかった。ズィロ谷にはこうした歌や踊りがあり、囲炉裏の火が絶えることはない。人間の領域を一歩外にでれば、東ヒマラヤの雄壮な山々や人知がおよばない森が広がっている。女性たちのチャントは、人家から立ちのぼる煙のように、細々とながらもここに人の生活があるのだということを、大自然に対して主張しているようにも見えた。

註

1　「ヒマラヤの蛮族」『現代の冒険6　未開の土地の部族』四二六頁

2　『APATANI STYLE』一〇一頁

3　「アパタニの誇りとノーズプラグについて」クリストファー・ミチ・タジョ著『APATANI STYLE』九九頁

4　「アパタニの世界」脇田道子著『APATANI STYLE』二〇七頁

5　「ヒマラヤの蛮族」『現代の冒険6　未開の土地の部族』四二二頁

第六章

雲南、ハニ族の女たち

昆明から河口へ

中国南部とミャンマーが国境を接する地域への秋の旅では、出発点は雲南省にある昆明《クンミン》の鉄道駅だった。久しぶりにきた中国だったが、大都会の中心部では、建物も施設も新しく立派で、自分の記憶のなかのかつての中国北東部の田舎における光景との開きが大きくあった。それで、両者のイメージを頭のなかで折りあいをつけることが容易ではなかった。高齢化が進み、社会全体が斜陽傾向にある日本列島からくると、昆明のどこへいっても人が多くてにぎやかで、活気があるさまに刺激を受ける。

まずは昆明から、ヴェトナムと国境を接する町である河口《ハーコウ》まで、寝台の特急列車で移動する。漢民族、少数民族、ヴェトナム人など、さまざまな顔をした人たちが、ところ狭しと乗りこんできて、車内を見渡すだけでも、多文化が混在する境域にやってきたことが実感できる。雲南への旅のあいだにつけていた日記兼フィールドノートには、前夜にバンコクから飛行機で昆明に到着したときの印象が次のように書かれてある。

「深夜の午前一時という時間に昆明の空港に着いた。格安航空券だったから文句はいえない。まだ市街地行きのバスがあったので、地図を見て「眠遊青年旅社」という名前の宿の近くでおりたはずだった。二十四時間受け付けが可能ということで、その宿を予約したのだった。午前二時だというのに、街の中心街では露天商が店を開けており、タクシーやバイク乗りも盛んに往来している。中心街の活気がある様子に驚いた。インターネットの地図を頼りに宿の場所を探したが、どうしても見つからず、同じ街区をうろうろした。らちが明かなくなり、宿の人に迎えにきてもらったが、見当はずれの場所でバスをおりたようで迷惑をかけてしまった。」

発車のベルの音もなく、車掌による合図もなく、午後一時〇二分の定刻がくると、昆明発河口行きの寝台列車は音もなく、するするとプラットホームを滑りだした。五時間半の旅程である。リーズナブルな「硬臥車」は三段ベッドで、六人が横になれるコンパートメント式。イ族(1)のおばあさん、ハニ族のおばさん、韓国人のビジネスマンや日本人という取りあわせで、多民族を絵に描いたような状態だった。そこへヴェトナム娘があとから入ってきて、おげさんとおばあさんのあ

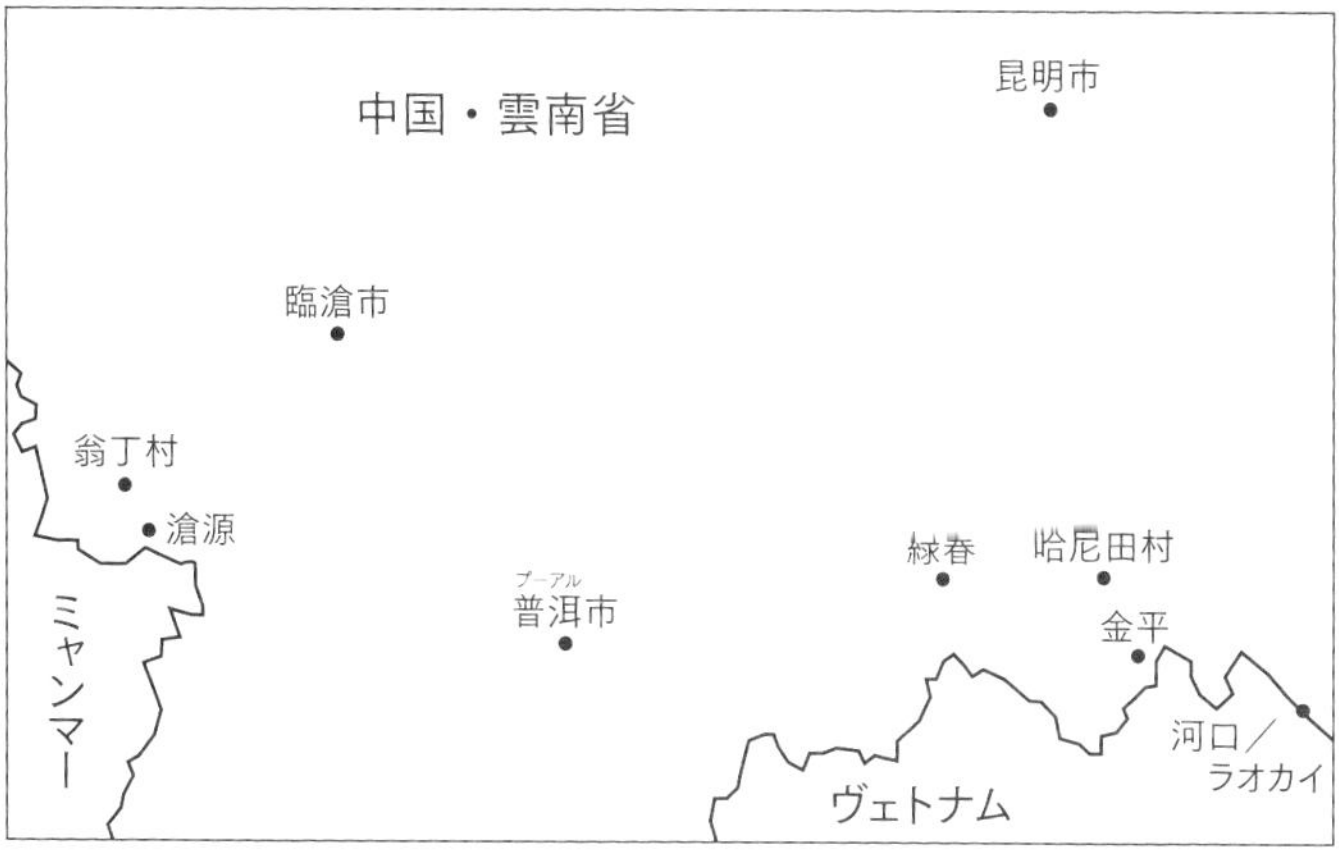

いだにちょこんと腰かけた。彼女はりんごをかじり、鳥の足のくん製をしゃぶっている。さいごにきた漢族の大柄な男は、自分が座るスペースがないのを見てとると、反対側の車窓前にある折りたたみ椅子に陣どった。

　この地域に何度も足を運んでいるのか、韓国人の男性はとても慣れた様子でスマートフォンの翻訳ソフトを使い、うまく女性陣たちとコミュニケーションをとっている。それぞれ母語が異なる人たちだから、共通語として標準語を使う。ぼくは一番上の段だったので会話には参加せず、寝そべったまま、はじめて見る雲南の風景を楽しんだ。しばらく文庫本を読んでいたが、ガタンガタンという列車のリズムに揺られるうちに寝落ちしたものらしい。夕方に河口の駅に到着した。

　ややこしいが、その土地の正式名称は、雲南省の「紅河ハニ族イ族自治州」にある「河口ヤオ族自治県」である。ヴェトナムとの国境にある町で、北の中国側が河口、南のヴェトナム側がラオ・カイと呼ばれる。宿に寄って荷をほどき、町の中心を流れる紅河を見にいった。橋から眺めやると、山上から流れてきた紅河がたっぷりと泥水のようなにごった流れをたたえている。本来は泥水ではなくて酸化鉄を含む赤色のはずだが、上流で雨が降ったせいか、その日は濁ったメコン川みたいだった。

標高が一九〇〇メートルほどある昆明から下ってきて、この町は標高としては一〇〇〇メートルくらい低いので、川面から吹いてくる亜熱帯の風が生あたたかく感じられる。雲南の山々からの流れがヴェトナム側に入るとホンハ川と呼ばれ、ハノイの街を通りぬけ、トンキン湾沿いのデルタ地帯へと注ぎこむ。この旅では、水の流れとは反対に、紅河やその支流に沿って上流にさかのぼる移動になる予定だった。

国境沿いの金平へ

翌朝は早起きして汽車站（バスターミナル）までタクシーでいき、なんとか朝七時半のバスに乗りこんだ。河口の町をでると、中越国境を隔てる紅河に沿ってのぼる山道になった。濃い緑色をして鬱蒼とした森というか、ジャングルが身近に迫ってくる。ときおりひらかれた空間があるかと思うと、大きなバナナの葉が茂る畑があった。

川沿いの道をのぼり、少数民族の人たちの住む境域にむかっていると、数年前にタイヤル族の村を訪ねて、台湾島の山地へ入っていった感覚がよみがえってくる。「新河高速公路」というバイパスに入ろうとしたとき、バスを停車させられて、公安部隊の人たちが車内に乗りこんできた。ここから先は「辺境地区」に入るので、乗客ひとりひとりの身分証の番号と名前をチェックするという。バスのなかでは、パスポートを保持する外国人はどうやら自分だけのようだった。

途中、南屏《ナンピン》停車区というサービスエリアに入り、ガソリンスタンドの前で何人かの少数民族の人たちが降車した。すでに雲間に尾根がのぞく山中の風景であり、猛烈な繁殖力をもつ樹々が道路に覆いかぶさっている。バイパスをおりると、右へ左へと蛇行する山道になった。少数民族の人たちが主導権をにぎる辺境管理区に入るらしく、またもやバスが停車させられ、今度は乗客全員が外へおりるように指示された。背中に「辺境公安」の文字がレタリングされた制服を着るのは、漢族ではなく、目が大きく、浅黒い肌をした人が多い少数民族の人たちだった。

公安のテントの下で、入域者用のノートに名前と住所を書いているとき、十代の若い兵士が英語で話しかけてきた。

「どこからどこまで行くつもりか」

「今日は金平《ジンピン》まで行き、その次は緑春《リューチュン》を目ざします」

「ここで何をしているのか」

「文化的な観光です」
あとでわかったことだが、ぼくの見かけが漢族風なので、公安隊員たちに警戒されていたらしい。自治州や自治県といわれているのは名目だけではなく、行政から公安部隊のような組織までが少数民族らによって運営されている。チェックポイントを過ぎると、金平までは、あと五八キロほどだった。

川底が見えないほど高い橋梁をわたり、暗い隧道を抜けていった。紅河の支流にそって進み、ときどき村があると、イ族やハニ族の女性たちの民族衣装がちらほらと見えた。バスの運転手は中年女性で、ときどき村の中心部で停まるたびに村人たちから手紙を受けとっている。手紙を渡す人は、一通あたり一〇元を支払っていた。山奥では、どうやらバスの運転手は郵便配達員や宅急便屋をも兼ねているようだ。日本円では二〇〇円くらいだが、物価が日本の二分の一から三分の一くらいの雲南省の感覚だと、それなりに安くない値段だといえた。

心細くなるほど細くてせまい崖道を進み、土砂くずれが起きた場所を三度ほど通りすぎた。山中からすべり落ちてきた大きな岩が道をふさぐのを見て、「あんな岩が頭のうえから落ちてきたらどうなるか」と思い、背筋が寒くなった。めずらしい景色に浮き立つ心を隠せずにいると、十二時すぎに金平の北バスターミナルについた。河口からは四時間半の旅程であった。高台にあがって金平の街を眺めおろすと、街の真んなかを流れる紅河の支流を中心にした谷間の地形である。斜めになった坂にびっしりと家屋や雑居ビルが建てられて、雲で霞む山々のむこうにはヴェトナム側の山間部がある。

二キロほどはなれた街の中心部にある「衣貿市場」まで移動した。市場のまわりでは女性たちが路上に店を開き、果物、野菜、日常雑貨、菓子、ニワトリなどを売っている。観察していると、にわとりやアヒルはその場でさばき、新鮮な肉を手渡している。生きている犬が何匹かつながれていて不審に思っていたら、やはり、その横で皮をはいだ状態のピンク色をした犬肉が、原型のわかるかたちでぶら下がっていた。

ごみごみとした野菜市場のエリアに入り、人びとでごった返すパサージュを抜けていく。近隣の村から背中のかごいっぱいに野菜を運んできて、路面にシートを一枚敷いて商いをやっている。長ねぎ、緑色のなす、瓜、ピーマン、キャベツ、サヤエンドウ、にんにくのような見慣れた野菜から、ザボン、いちじく、ドラゴンフルーツ、タマリンドなど、あまり見慣れない果物までがずらりとならぶ。

数年かけてインド北東部やインドシナ半島の山岳地帯に通い、いわゆる「ゾミア」への旅をくり返したきたわけだが、山間部の村は別として、民族衣装を着ている人がこれほど多い大きな街を見たことがない。ほとんどが中高年の女性だった。正式には「金平ミャオ族ヤオ族タイ族自治県」なので、さまざまな民族が混住するエリアであり、本当にいろいろな人がいた。黒字の上着に白とピンク色の縁どりをして、頭にかぶった黒い帽子から赤色のぼんぼんを両脇に垂らしているのは、少数民族といえども八〇〇万もの人口を誇るイ族の女性だろう。より伝統に忠実な女性は、黒い上着にさまざまな刺繡を縫い、紺色とあざやかな赤色のスカートにも細やかな模様をあしらっている。

とはいえ、金平の街ではなんといっても紅頭ヤオ族の人たちの衣装がとにかく目立つ。民族衣装には個人によってバリエーションがあり、帽子だけをかぶるとか、上着だけを着るだけとか、本来の姿よりも崩れているさまがうかがえる。そのなかで紅頭ヤオ族の人たちだけは、頭頂からつま先まできちんと伝統衣装を身につけていることが多い。市場で声をかけて、ひとりのおばあさんに民族衣装を見せてもらい、いろいろと教わった。

結婚した女性は、尼僧のような剃髪にして、その上に三角コーンのかたちをした、オレンジ色のとんがり帽子をかぶる。上着には黒い厚手のフェルトの生地を使うが、前あわせは派手なオレンジ色の布を縫いつけ、そこに凝った刺繡をほどこす。その布を縁どるようにして、縦に小さな鞠をいくつもつけてある。短いエプロンのような前かけとズボンにも同じオレンジ色の布を使い、黄色や黄緑などのカラフルな色彩で、ヤオ族に伝統的なモティーフをクロスステッチで刺繡してあった。

夢中になって探索をつづけているうちに、気づいたら南の汽車站まで歩き着いていた。途端にどっと疲れを感じ、足が棒のようになっていたので、座れる場所をさがした。ベンチに腰かけると、となりに座っていた徐さんという中年男性とおしゃべりになった。彼の名前は徐林茶《シュー・リンチャー》といい、四十歳とのことだ。漢姓をもってはいるものの、自身はハニ族出身のバス運転手とのことだ。

「このあたりで、伝統的な家屋や風俗が残る村はどこですかね」と質問すると、いくつかの紅頭ヤオ族の村と、伝統が残るハニ族の哈尼田村《ハニティエン》を勧められた。

徐さんは、バスターミナルの近くでぶらついていたタクシー運転手と交渉してくれて、だいたい一日あたり二〇〇元から四〇〇元くらいで案内してくれるという話だった。ところが、どうしても翌日に運転してくれる人が見つからない。困り顔で座っていると、「わかりました。明日は忙しいですが、土曜日ならば仕事が休みなので、わたしが半日お付き合いしましょう。朝にホテルへ迎えにいきます」と約束してくれた。

中国各地の都会に旅したことがあったが、こんなに親切な人に会ったのははじめてだ。外国人の旅行客をほとんど見かけない、山間部の少数民族の街まできたからだろうか。これで旅の前半は、ハニ族の村を歩くことに決まった。このように、自治州や自治県では何度も地元の人の情にふれることがあったが、いつもうまくいくわけでもなかった。反対に、知らない異文化のなかに意図せず土足で踏み入れしまい、地元の人たちから痛烈なしっぺ返しを受けて、危険な目にあうような失敗も何度かあった。

歓待と排斥

翌日、金平の市街地をさらに探索することにした。知らない土地にいき、旅先で無目的に歩きまわるということは意外とむずかしい。何かを食べるための食堂であるとか、何かを買い物するためのお店であるとか、どうしても無意識のうちに目的地を設定してしまう。そこで初めてきた町で、財布とカメラ以外のすべての荷物を宿に置き去りにし、ほとんど手ぶらででかけるということを、ときどき実践した。

この方法で町にでると、看板の文字が読めず、GPS機能のついたスマートフォンの地図が使えず、道を聞くために翻訳アプリに頼ることもできないので、自分がどこにいるかもよくわからない。宿を出発してもどってくるまで、半日か一日のあいだ、つたないコミュニケーション能力と勘だけを働かせて、その町でサヴァイヴしなくてはならない。自分の奥底にあった野生の力が少しずつよみがえり、宿に帰り着くために、道や風景を懸命に記憶しようとする。町にいようと山中にいようと、地形を読むという行為をするようになる自分に気づく。地図やGPSに頼るようになる以前、おそらく子どもの頃は、誰もが駆使していたであろう能力がむくむくと頭をもたげてくる。

決して大きすぎない金平は、手ぶらの遊歩者にはもってこいの町だった。中心地を流れる川さえ忘れないでおけば、そこから自分のいる場所をだいたい計測することができる。そうやって行動をするための軸を確保しておくと、知らない土地でも、小道に入ったり、雑居ビルを探索したり、大胆に振るまえるようになる。その日は午後二時すぎに、川が見下ろせる気持ちのいい丘の上に、コンクリートの駐車場のような広い空間を見つけた。ドラム缶に木板を置いただけのテーブルをたくさんならべて、数十名が集まっている。段ボール箱やビールケースの上に座り、何やら料理を食べている。

坂道をあがって、あいさつをしながら宴会の片隅に混ざり、見学させてもらった。紅頭ヤオ族のおばちゃんたちが大鍋で野菜スープをつくり、立ちならぶ人たちが手に持つステンレスの器に盛っていく。食べている人に皿を見せてもらうと、炊きたての白いご飯に、竹筒で蒸し焼きにした鶏肉の料理をのせてあった。それをふうふうと口で冷ましながらおいしそうに食べている。人びとの輪のなかに、伝統衣装で着かざった十代後半の男の子と女の子がいた。つたない言葉と筆談できいたところ、どうやらふたりの結婚式ということだ。残念なことに、音楽の演奏や伝統的なダンスの時間は終わったところだった。

同じ日に夕飯を食べたあと、宵の口に宿の近所を散策した。ふしぎなことは起きるもので、雑居ビルのあいだに何もない空き地があって、今度は一〇〇人から一五〇人ほどの大勢の人たちが集まっているところに出くわした。もとにあったビルを取り壊したのか、空き地のところどころに建物の基礎や土台が残っており、人びとが腰かけている。

徐梅《シュー・メイ》という漢族式の名前を持つ、英語が話せる若い女性と立ち話になった。彼女によれば、七十九歳のおじいさんが亡くなったので、タイ族式のお葬式をやって、これからみなで食事をするところなのだという。男性陣はビールや白酒《パイチュウ》を飲んでおり、手から手へとまわっている紙皿の上には、ご飯と惣菜とスペアリブのような骨付き肉が添えられていた。先ほどの結婚式の集まりとは対照的に、誰もが無言のまま、がつがつと食べている姿が印象的だった。

「遠目から写真を撮っても大丈夫ですか」と、ぼくは徐梅に聞いた。

「そうね。遠くからだったら問題ないでしょう」と彼女は答えた。

一眼レフカメラを構えて、二、三回シャッターを押したのだが、夜なので自動的にフラッシュライトが光ったのがよくなかった。長い髪で片目を隠した若い男が近寄ってきて、すごい剣幕でまくしたて、ぼくの手からカメラを引ったくった。

「その写真を消せ」と、男はいっていたらしい。

「ちょっと返してくださいよ」と、日本語が口から突いてでた。

カメラを奪った男を追いかけようとしたが、直後に七、八人のタイ族の男たちに囲まれた。亡くなったおじいさんの遺族とのことだ。アルコールが入っているせいか、誰もが興奮している様子。このときの恐怖といったらなかった。聞きとれない標準話やタイ族の言葉で、四方八方から男たちがわめき散らしていた。集まりのリーダーとおぼしき屈強な中年男性が、ジーパンに手を突っこんだ徐梅とやってきて、ぼくたちのあいだに入った。興奮してわめくタイ族の男たちを引きはなして、何やら説得している。

「葬式のあとで、静かに食事をしているときに勝手に写真を撮られたと思い、みんな怒ってました。でも、あなたがちゃんとわたしに許可を求めたと説明しました」と彼女はいう。

五分ほどすると、カメラを奪った男が特定されて、それはぼくに返却された。しかし、カメラにＳＤカードが入っていなかった。そのことで文句をいうと、興奮した誰か別の人物がカメラからＳＤカードを抜きだして、持ち帰ったか、放り捨てたものらしい。こうして、その日に金平の街で撮影したデータは失われてしまった。

がっかりして宿に帰ろうとすると、リーダーが「飯は食ったのか？」とぼくを呼び止めた。彼らも悪いことをしたと思ったのか、今度は手のひらを返したように歓待してくれた。ご飯、辛いもやしの惣菜、揚げ豆腐、牛肉、豚肉が振るまわれ、その皿に青とうがらしが添えられた。廃墟のような空き地に座って、タイ族の男たちとビールや白酒を飲み交わすことになった。お通夜のようだった宴席も、酒がまわると次第に陽気になってきた。「兄弟！」とか「朋友！」といって酌みかわす輪に男性しかいないことに気づき、あたりは見まわすと、女性たちは給仕や片づけで忙しくしていた。

そうやって、タイ族の葬式に混ざってしこたま飲み、千鳥足で宿へもどった。翌朝は遅くまで正体なく眠っていた。二日酔いの頭痛を抱えたままの状態で呼びだされ、宿のロビーまでおりていくと、昨夜のリーダーがきていた。ぼくがなくしたSDカードの代わりを買ってきて、届けてくれたのだという。思いもよらぬトラブルに見舞われたが、そのことによって、自治県における少数民族の人たちの人情に思わぬかたちでふれることができ、良くも悪くも記憶の残る一夜となった。

ハニ族の通訳さん

雲南の深南部の旅では困ったことに、地元の旅行会社というものがほとんど見つからなかった。そのため、ガイドや通訳や運転手を見つけることがむずかしかった。自治州や自治県というのは伊達ではなく、金平で当宿していた宿では数人のビジネスマンらしい漢族がいたものの、中国国内からの旅行者すらほとんど見かけない。ましてや外国人旅行者らしき人物は見当たらず、観光が盛んだとはいえない状況だ。そのため、ハニ族の徐林茶さんに、伝統の残る村を案内してもらえる機会は、本当に幸運だといえた。

土曜日の朝八時ごろ、宿にハニ族の徐さんが、まだ十九歳の学生だという姪といっしょに迎えにきた。姪は猫のような大きな目をした、少女っぽさが抜けないかわいらしい娘さんだった。有名なお茶と似た普洱迎《プー・アルイン》という名で、自分のことをプーと呼んでほしいと英語でいった。叔父の徐さんとは苗字がちがうので、姪といっても奥さんの側の親戚かもしれない。

トヨタの乗用車で金平の街から出立した。街はずれの丘陵から、川の流れる谷間の街全体が見下ろせた。そこから先はすぐに、急峻な坂をのぼっていくジグザク道になった。いくつかの峠をこえたところで、急に目先の景色がひらけて、九月だというのに青々とした段々畑が眼前に広がる。畑は低いところにあって、山手の高台や丘のうえに、それを耕す人たちが住む民家がぽつぽつとある。最初に着いたのは、付近では比較的に古俗が残るという、紅頭ヤオ族の人たちが暮らす永平《ヨンピン》村だった。

雲南省の山間部へ旅する前に予習として読んでいた、『雲南省ハニ族の生活誌』という本におもしろいことが書いてある。南部の紅河州には多民族が集住するが、標高差に応じて、それぞれの民族が住み分けているという指摘である。たとえば、標高六五〇メートルあたりまでは、主に熱帯低地稲作をおこなうタイ族の領域。バナナやサトウキビは標高一一三〇メートルあたりまで栽培できるのだが、それと棚田を組み合わせる地域はチュアン族の居住領域となっている。

そして、標高一三〇〇メートルをこえるあたりから、トウモロコシと稲作を中心にするイ族の集落が目立ちはじめる。むろん異なる民族がとなりあわせで集落を形成し、混住している場合もしばしばであろう。一四五〇メートルから一九五〇メートルあたりには、山の斜面を水田として開発し、見事な棚田をつくるハニ族が圧倒的に多くなる。さらにその上には、焼畑農業や定畑を生業にするヤオ族やミャオ族が居住している、といった具合である(2)。

そのように考えると、金平の街におりてきて野菜市場で農作物を売る女性たちが、異なる作物をならべている理由がわかる。標高の高低差によって、熱帯から温帯までの気候があり、収穫できる作物がちがうのだ。それぞれの地域によって農業をする環境が異なり、自分たちにとって条件があう領域に住んでいるのだから、おのずと異なる言葉や慣習をもつ少数民族であっても、近くにいて衝突せずに暮らすことができる。なんの根拠もない憶測ではあるが、誰でもひとめ見れば「自分がこの民族である」と判断できる派手な民族衣装は、多民族が集住して共存するなかで、互いのアイデンティティを主張するために発展していったものではないか。

紅頭ヤオ族の農家の盤さん

そんなことを頭で思い描くうちに、トヨタの車は村の農家の前に停まった。徐林茶さんの知り合いの家らしく、彼が庭に入っていって誰かを呼んでいる。それでお話をうかがうことができたのは、盤美英《パン・ミエイィン》さんという、紅頭ヤオ族の六十三歳の農家のおばさんだった。日本の着物みたいに民族衣装は特別なときに着るものかと思っていたら、盤さんは自宅でそれを普段着として着ている。剃髪の上にオレンジ色のとんがり帽子、黒字の上着にオレンジ色の派手なズボン。水色の前かけをして、上下のいずれにも刺繍の模様があしらってある。

盤さんは庭先で、昔から使ってきた木製の農具を見せてくれたり、「あの畑ではトウモロコシをつくっていて、あっちでは葉物野菜をやっている」と指し示しながら教えてくれた。そのうちに山の天気が急変してきて、あたりが暗くなり、小雨が降りだした。屋内に移りながら盤さんが話してくれたのは、信仰している祖霊や風神や雨神のことだった。それにまつわる祭祀について質問をしたのだが、うまく返事を得ることができず、盤さんは代わりに森の動物に関する古い慣習を教えてくれた。

「古来から伝わる話ではね、このあたりの森には虎が多くでたのよ。それでね、毎年、虎が住むといわれる穴のなかに、村から女性をひとり連れていって、いけにえに捧げるという習慣があったの。昔の人たちにとって、自分たちより力の強い虎は神様と同じだったのね、きっと。毎年その儀礼さえしていれば、村人の安全は守られたと聞いたわ」と。

そのように字面で書くだけであると、あたかも聞き書きがすんなり進んだかのように見えるが、多民族で多言語の地域での採集は骨の折れるものだった。盤さんはヤオ族で、徐さんやプーはハニ族だから、当然のことながら話し言葉が異なる。そこで三人は共通語の雲南方言の中国語で話し、それをプーが英語に翻訳する。うまく訳せないところは、北京語からスマートフォンの翻訳アプリを使って日本語に訳すという具合だった。

プロの通訳やガイドが見つからなかったため、そのような苦肉の策になってしまった。とはいえ、プーがいてくれたことの存在は大きかった。彼女がいなかったら、村でのフィールドワークはまったく進まなかったにちがいない。だからこそ、徐さんは姪に頼んで、ついてきてもらったのだろう。畑で収穫をしているヤオ族の農夫や農婦の話を聞くために、段々畑のあぜ道をのぼっていくと、プーもワンピースの裾をたくしあげ、ヒールの高いサンダルを履いたままついてきた。そして、なんやかやと世話を焼き、コミュニケーションの架け橋になろうと最大限の努力をしてくれた。

棚田の世界

翌日は金平の町から、近郊にある哈尼田村というハニ族の集落へむかった。中途にある村の外れに、見事な棚田が広がっていた。その光景を車が行き来する道路から俯瞰すると、谷底を流れる支流を中心にして、放射線状に薄緑色に色づいた段々が重なっていた。

川の近くまでおりてみたところ、まわりの平地には水田が広がっている。川の水は澄んでいて冷たい。それがすぐに山裾のあたりから棚田になり、水平に視線を送ると、きれいな薄緑と濃緑の線が、何重にも平行に折り重なっているように見える。稲刈りの終わった田んぼには、稲わらをまとめて三角に立ててある。それが二メートルおきに横にならべてあった。天上からわらの精霊たちが舞いおりて、階段に腰かけている姿に見えた。棚田は垂直方向に二〇も三〇も段があるので、コロッセウムの場内にいて、観客席のわら束たちから眺められているような感じだった。

哈尼田村に近づいてくると、標高が高いせいか、山間のほうから徐々に曇ってきた。ハニ族の男女が大勢集まって協力し、昔ながらの手作業で稲刈りと脱穀をしているのを見学した。すると、小粒の雨がはらはらと降ってきた。そうして、あわててたどり着くことになった哈尼田村には、山の斜面にたくさんの民家がへばりついている。車では入れないので路肩に止めて、傘をさして、徒歩で集落の内側に入っていく。そこはジグザグの階段が張りめぐらされた迷宮だった。小さな花の絵柄をあしらったズボンを履き、今日は運動靴を履くプーは慣れた足どりでどんどん登っていく。そのあとを息を切らしながらついていった。

「けっこう、きつい上りでしたね」

農家の前で叔父の徐林茶が待っていて、プーとぼくに言葉をかけた。そこは徐さんの知人である曹四妹《ツァオ・スーメイ》というハニ族の七十九歳のおばあさんの家だった。曹さんはきれいなグレーの髪を後ろで結び、その上にハニ族の女性に特有の黒髪のかつらをかぶっている。太い三つ編みにしたかつらの髪は、髷を結うように巻いてあり、さらに上に黒いフェルトの帽子を乗せている。黒いフェルトの布に、青い糸でさまざまな刺繡をあしらった民族衣装の上下を着ていた。雲南の少数民族の女性たちは、自宅でもきちんと伝統衣装を身につけていることが多いようだ。

「旦那との結婚に、うちの親が同意しなかったんでね、十六歳で逃げるように家出をして、この家に嫁いできたんだよ。いまでは五人の子どもたち、そして、九人の孫たちに恵まれたからね、昔の話さ」

曹さんはお話好きの方らしく、こちらから質問をする間もなく、どんどん自分語りをしてくれるし、話題も移り変わっていく。しかし、おばあさんはハニ語しかしゃべることができず、若者のプーはハニ語を理解することができない。そこで、叔父の徐さんが間に入って、ハニ語→雲南方言→英語へと通訳するために、徐さんとプーというふたりの人間を介したので、ここでの聞きとりも困難をきわめた。

ハニ族の農家には、さまざまな魔除けが置いてあり、仏教や中国的な儒教の影響はあまり感じられない。曹さんは健康をつかさどる竜神を信仰し、その神さまのために、これまで何頭も牛をいけにえに捧げてきたのだと胸を張った。なぜなら、牛は豊かさの象徴だからだ。朝早くから田んぼや畑にでて働き、日が暮れて家にもどれば、家事や内職などで体を動かす。

「食べ物といえば、自分たちの畑でとれる野菜ばかりを食べているんでね。この年になっても、大病なんぞ、ひとつも患ったことがないよ」といって笑った。

現代では、ハニ族といえば棚田による水稲が代名詞になっているが、口述伝承によって起源にまでさかのぼれば、狩猟採集生活の時代があった。

物語は虎尼虎那《フニフナ》（色尼〈大理〉の北方にある「欧仕」と呼ぶ山）からはじまった。ここでは、狩猟・採集生活をしていたが、たくさん生息していた獣や魚が減少して住み続けることがむずかしくなってきた。そこで大河を渡って「什虽湖」と「什虽山」というところに移住することにした。什虽湖では漁撈を行い、什虽山に入って狩猟・採集を行った。この一団の中に奥遮という人がいて、その娘の遮戚がイノシシの親子を捕らえたとき、子供のイノシシを生け捕りにして持ち帰って育てた。このときからハニ族は、イノシシを家畜できるという知恵を得たといわれている。[3]

ここには、ハニ族がもとは狩猟採集と漁労で生活の資を得ていたが、家畜を飼うようになったいきさつが語られている。つづきを読むと、奥遮にはもう一人、遮努というよくできる娘がいて、彼女がよく育つ草の種をとってきて、肥沃な土地にまいて増やしたことで農耕がはじまった。その黄色い実にコウリャンやトウモロコシという名前をつけた、という言い伝えが残されているとのことだ。伝承の真偽のほどは確かめようがないが、ハニ族における狩猟採集生活から、家畜を飼育するようになって、農業の時代がはじまったころの様子がなんとなく伝わってくる。

そんな口碑に真実味を与えるかのように、曹さんの家の軒先にも家畜小屋があって、大きな白い豚と全身が黒い豚が、床でたがいにくっつきあって昼寝をしていた。小屋の天井には、収穫したトウモロコシを五つか六つに縛って束にして、天井いっぱいにならべて吊るしてある。プーはその下に立ち、天井を指さしながら「これは乾燥させて、ひいて粉にするんだよ」といった。最後はコーンフラワーになるというわけだ。高地に暮らすハニ族の人たちが小稲のみならず、さまざまな穀物を育てていることを実地に見ることができた。

その日の夕方、車は急勾配の坂を下っていった。宵闇に沈む棚田を見下ろしながら、金平の街への帰途につく。誰もが一日の労働に心地よい疲労をおぼえていた。慣れない通訳でコミュニケーションをしたせいか、三人は押し黙っていた。滞在する宿の前でおろしてもらっときにプーにきいてみた。

「いつか東京にきてみたいと思う？」

すると、彼女はこくりと頷いた。

「大人になったら、この自治州をでてみたい。そして、この国の外を見てみたい。だから、一生懸命に英語を勉強してるの」とプーはいった。

徐さんにお礼をいい、ぼくたちは別れた。走り去る車のほうを振り返ると、プーが後部座席からこちらへ手を振っていた。その白くほそい指が、曇ったガラスのせいか、何かはかないもののように見えたのだった。

註

1　本書では少数民族を呼称するときに、〇〇族という表記を採用していない。氏族単位でもないのに少数者だからといって、部族のように呼ぶことは妥当ではないからだ。ところが、中国国内の少数民族は正式に〇〇族と呼ばれている。そこには圧倒的多数者である漢民族が少数民族にむける非対称な視線があるが、ここでは中国の民族を呼称するときに限り、〇〇族の表記を踏襲する。

2　『雲南省ハニ族の生活誌』須藤護著、ミネルヴァ書房、二〇一三年、六七―六八頁

3　同右、三二頁

第七章

ワ族の原始部落

昆明からミャンマー国境へ

ヴェトナムとの国境の町である河口／ラオカイから、バスで金平《ジンピン》までいった旅の行程は、紅河ヤオ族やハニ族の人たちとのさまざまな偶然の出会いもあって、大変に充実したものとなった。ところが、金平からさらに奥地にある緑春《リューチュン》へ到着したところで、なんの食べ物にあたったのか、旅先でぼくの身によく起きることであるのだが、腹を下してからひどい発熱があり、宿で数日間寝こむことになった。

いや、あのときだとよくわかっていた。夕方に食べた牛肉の内臓を煮込んだスープ料理を食べてから、明らかに体調に異変が生じたのだ。人一倍おなかが弱い自分としては、旅先で火が充分に通っていないものや、よく知らない動物の肉を食べないように気をつけていた。当然のことながら、水道水や氷を口にすることはない。そうやって十全に注意していても、あたるときにはあたってしまう。トイレで缶詰状態になり、あぶら汗を垂らしながら調べたところ、症状としてはサルモネラ菌による食中毒に近いようだった。重要なのは、食あたりをしたあとで、それが悪化しないように水分をとり、体調を管理し、身体を一日もはやく回復基調にのせることだった。

三日後にようやく平熱にもどったので、近くのハニ族の村までいって、長老に話をきくことができた。クサザ儀礼のこと、日本列島でいえば新嘗祭にあたる新米を食べる儀礼のこと、稲にやどる霊魂のこと、モーピーと呼ばれる呪術的なシャーマンのこと、人が死ぬときに最後の息を吸いとるという竹筒のこと、村の中心にあって天から神さまがおりてくるという聖樹のことなど。どれも興味ぶかい話ばかりであったが、言葉による伝達でしかなく、なにかを見たり触れたりして実地に確かめることができなかった。断片的な知識と情報ばかりだったので、この村で教えてもらったことを文章化するのはむずかしいと感じた。

病みあがりに多少の無理をしてしまったせいか、ふたたび体調が悪くなり、宿でもう一日寝こむことになった。翌日、現地の薬局で入手した整腸剤を頼りになんとかバスで元陽までおりた。その移動も決して楽なものではなく、雲南省の山奥にある細い崖道が、途中で落下してきた大岩によってふさがれて、バスやほかの自動車が立ち往生する土砂くずれに出くわした。山ぎわにある崖からちょろちょろと鉄砲水が噴きだしているのに気づき、「たったこれだけの水で崖くずれが起きてしまうのか」と恨めしくながめた。

同じ雲南省の山岳地帯といっても、標高差があるせいか、最高気温が二四度程度のすずしさだった緑春と比べて、元陽は三〇度をこえる夏の陽気だった。さらに次の日には南沙という町を経由して、平地にある建水までたどり着くことができた。久しぶりに文明の利を享受して、その頃には体調もほとんど回復していた。建水の町で火車站に移動して、鉄道に乗りこみ、ついに雲南省の中心都市である昆明までもどった。こうしてヴェトナムと国境を接する紅河（ホン川）の上流域の山岳地帯をめぐる旅を終えたのだった。


雲南省の山奥において各町を結ぶ心ぼそい山道で、崖くずれにおびえながら、何時間、いや何十時間かけてバスで移動することに飽いたわけではなかったが、そうやって移動をしていると旅程が何十日あっても足りなくなってしまう。そこで今度は、昆明市から南西に四〇〇キロ、ミャンマーとじかに国境を接する滄源《ツアンユアン》ワ族自治県への空路を見つけることができたので、迷いなく飛行機で飛ぶことを選んだ。

今回の雲南の旅の目的は、タイ北部の山中で会うことのできたアカの村と、中国側ではハニ族と呼ばれる彼ら彼女たちの村を比べることだった。それを単に書物や文献上で比較するのではなく、現地にいって言語の状況、民族衣装や民俗がどれくらい残っているかを調べ、可能であれば口述伝承を採集して、実際にその土地をおとずれて実感することでものごとを考察してみたいと思った。そして、もうひとつのテーマは、かねてから関心を抱いていたワ族の文化にふれることだった。

その日、早朝のフライトで昆明を飛び立って、雲南省の臨滄市にある滄源佤山機場という山中にある空港に到着したときは、朝の九時だった。一九九〇年代の前半くらいまでは、国境沿いの地域ということもあるのか、未開放地区として立ち入りがきびしく制限されていた地域というが、あっけなく飛行機でくることができて驚いた。空港まで迎えにきて、町中にある宿まで送ってくれたのは、李正磊《リー・ジェンレイ》という三十六歳のタイ族の男性だった。雲南省出身で、名古屋大学で教鞭をとっているアジア映画研究者である馬然さんの姻戚ということで、彼女から紹介をしてもらった人である。

李さんは「自分のことは部族名でレイというので、そう呼んでほしい」といった。レイさんは宿にむかう車中にて、滄源がだいたい標高一八〇〇メートルくらいの場所にあること、およそ一八万人が住んでいるが、イ族、タイ族、ワ族、リス族、ラフ族、ミャオ族、ジンポー族、プーラン族など、二三もの民族が混住する地域だと教えてくれた。このときにはまだ、レイさんからぼくが客人としてすさまじいまでの「歓待」を受けることなど、まったく予想だにしていなかった。

三〇〇〇年前の崖画

午前中に宿でシャワーを浴び、昼にレイさんが迎えにきた。中国語名が瞿愛源《チュ・アイユエン》という、イ（彝）族の三十二歳の男性タットゥさんも一緒だった。レイさんとタットゥさんはたがいが「朋友」だと紹介した。三人で滄源県の観光村へいき、昼食をとることになった。レイさんは小太りで背が低いが、どっしりと落ち着いた雰囲気をもつリーダータイプである。一方で、タットゥさんは背が高くて肌の浅黒い、ひたいの両側がはげあがった、おとなしい感じの人だった。ふたりとも三十代の若さなのだが、お腹がぽっこりでていた。山奥の地域とはいえ、食生活も含めて豊かになった中国の辺縁の地での生活ぶりがうかがえる。

三人でむかったのは「佤族特色小吃」の料理店だった。男女ともに上半身裸で、腰に木の皮をなめしてつくったスカートを履いていた時代のワ族の伝統生活の絵画が、店の外側の白壁に大きく描いてある。店内にはハニ族の農家で何度も見かけた乾燥したトウモロコシや、ワ族の創世神話にでてくるような大きなひょうたんが飾ってあった。レイさんたちが見つくろってくれたワ族の伝統料理は、たしかに今までの人生でどこでも食したことのない珍しいメニューだった。

黄色いとろみのあるスープは中国語では「玉米湯」と呼ばれ、トウモロコシの粉とかぼちゃでつくったものであり、にんにくとトウガラシをベースにしていた。マニエァと呼ばれるワ族の料理は、中国語ではわかりやすく「鶏肉焼飯」と名づけられ、青トウガラシ、しょうが、パクチーで味つけがしてある東南アジアを感じさせる料理。ほかにも「芋花」や「芙蓉餅」がテーブルにならんだ。四川料理ほどではないが、雲南省のどこへいっても麺類や炒め物はトウガラシで辛くした料理が多かったので、「これが本当に昔ながらの調理方法であるのか。それとも近年になってから、中華やほかの料理における流行に影響されたものではないか」といぶかった。

「わたしたちが辛い料理を食べるのは、発汗作用が健康にいいからですよ」とレイさんは説明してくれた。

「高床式住居をもつワ族の人たちこそが、のちに日本列島に稲作を持ちこんだ原弥生人ではないかと考えていた人類学者がいます。ですが、こと料理に関しては、日本列島のそれとはだいぶ異なるようです」とぼくはいう。

「ワ族の『佤』という漢字と、倭人の『倭』という漢字が同じというのは、おもしろいですね。二〇〇〇年という時をこえて、わたしたちが『朋友』であると証明されたら、どんなにいいことでしょう」とレイさんは微笑んだ。

食後にワ族料理をつくってくれたシェフの女性があいさつにきて、外国からの客人がめずらしいのか、せがまれて記念写真を撮った。滄源の町から四、五キロもいけばミャンマーとの国境があり、むこう側にもワ族の人たちが住んでいる。というより、もともと住んでいたところに、国境線のほうが後から引かれたのか。それとは反対に、中国側の山岳地帯にもどるようにして、勐来村の近くの「滄源崖画」がある山あいにむかった。そこは小黒江という川の支流が流れる、両側を急峻な山裾にかこまれた峡谷だった。細長い平地はトウモロコシ畑になっており、炎天下のなかで村人たちが働いていた。

谷の片側が、岩肌のむきだしになった崖になっており、少しずつ森のなかをのぼりながら、壁画のある崖へとアプローチしていった。外側からみたところ椰子の木が密生するジャングルに見えたのだが、森のなかに入ってみると意外にも竹林があってすずしかった。ときどき、大きな樹木や岩場に水牛の頭蓋骨が飾ってあるのは、なにかの儀礼の名残であろうか。レイさんによれば、崖画は一七ヵ所あることが確認されており、そのテーマは狩猟や採集、戦争や舞踏、村落の生活など多岐にわたる。測定から三〇〇〇年ほど前の新石器時代後期のものとされ、世界的にもめずらしい農耕生活をした人たちの壁画だと考えられている。二〇二〇年におこなわれたウラン系列年代測定では、二七〇〇年から三八〇〇年前の岩絵だと特定された。

ひとつの壁画の前にたどり着いたとき、ちょっとした感興をおぼえた。ラスコーやショーヴェなど数万年前の洞窟壁画とはちがい、外界に面した垂直に切り立った白っぽい石灰石の崖の表面に、赤い鉄の顔料で棒人間や動物たちが描かれている。遠近法も奥行きもない平面的な画面構成なのだが、人間や動物の大きさによって、なにが重要で、なにが力をもっているのかを伝えているようだ。崖下の岩絵の前に立って、それをじっくりながめていると、三〇〇〇年前の人たちの生活と集落の様子がふつふつと伝わってきて、とにかくこの「崖画」は興味がつきない対象に見えた。

たとえば、第一地点の壁画では、画面の右側に弓矢をもつ人や、盾をかまえて棍棒を振りあげる人がいて、戦闘に出かける様子が描かれている。その一方で、集落の中心には、渦巻き模様の木鼓を中心にして、頭に飾りものをつけたシャーマンらしき人物がおどっている。大きく描かれたシャーマンのことを、小さな逆三角形の体をした人びとが取りかこんでいる。これは何かの祭祀か儀礼だと考えていい。逆三角形の服はワ族に特徴的な貫頭衣だと見なし、さらに、その貫頭衣こそが日本列島に原弥生人として渡ってきた倭人と共通

シャーマンらしき人物が踊る滄源崖画

するものだと人類学者の鳥越憲三郎は考えた(1)。

私は滄源崖画における「文」字形の人間像は貫頭衣を着た人と考える。当時の布は現在の衣料のように軟らかくなく、肩の左右が出っ張ったような姿になり、それを腰のところで紐で締めるので、貫頭衣を着た人の胸や腹の部分が逆三角形のように表現されたのが「滄源崖画」の「文」字形の人間の姿であろう(2)。

さらに別の場所にある壁画には、角の大きな水牛をひもで縛って飼い慣らし、ほかにも豚や犬などの家畜の世話をしている場面がある。高床式の倉庫にはハシゴがかけられ、その上に鳥が二羽ずつとまっている。これは、原始的な鳥居に見られる神の乗り物としての本物の鳥であるか、それとも鳥をかたどった呪物であろうか。その建物には屋根からはみだした装飾物として、日本の神社と似た千木《ちぎ》のようなものが伸びている。高床式の建物の近くにある地面では、うすに穀物を入れて、交互に杵で稲らしきものを脱穀をする二人の人物がいる。これによって、稲作や畑作がおこなわれていたことがわかる。

第二地点には保存の状態がよく、崖一面にダイナミックに広がる岩絵があった。集落をぐるりとかこむような円形の壕があり、左右に点線で道が伸びている。集落の内側には、大小の異なる家屋や高床式の倉庫が一〇棟以上あり、やはりここにも杵でうすをつく人が描かれている。弓矢を手にもち、肩に槍を抱えて集落をあとにする人たちは、狩りにでかけるのか、それとも戦闘にむかうところなのか。それとは反対に、豚らしき家畜の世話をしながら、牧畜をして集落にもどってくる人びとがいる。集落からはなれた場所で、人びとが四列をつくってならんでいるのは、棚田か段々畑で農作業をしている風景だろうか。岩絵におけるいずれの部分も、その集落を高所から俯瞰したような角度からながめられており、ひとつの「社会」を見つめる抽象的な視線が獲得されていることには驚いた。

山岳民族の宴

ある日の夜、タイ族、ワ族、イ族の男たちが集まる宴会に混ぜてもらうために、三十六歳のアディさんというイ族の男性の家へむかった。もちろん、レイさんとタットゥさんと一緒だった。そこには、ワ族で二十九歳のアポさんのほか、フォンさんやトゥエイさんも集まっていて、ちょうど日曜日だったので宴会が開かれる夜だったのだ。テーブルの上にならべられた山の幸に目をうばわれた。豚肉のあぶり焼き、きゅうりの炒め物、キノコと赤トウガラシの炒め物までは、どことなく馴染みのある料理に見えた。

珍しいところでは、タケノコの漬け物はおいしかった。それから、大きな川魚をぶつ切りにして、ニラやタケノコやじゃがいもなどの野菜と一緒に、かなり辛いスープで煮こんだ料理は、ワ族のソウルフードとのことだった。ひとつ苦手だったのは、豚足や豚の顔の皮や耳を刻んで入れたスープで、豚の生前の姿がほうふつとされて箸が進まず、おいしい白湯スープを味見するだけで許してもらった。

雲南省の山奥における男ばかり七人が集まる飲み会では、ビールのようなやわな飲み物は振るまわれない。いきなり、日本では灯油を入れるようなポリタンクがまわってきて、アルコール度数が五〇度前後という白酒《パイチュー》を、めいめいが小さなグラスに入れて生のままで飲む。水で割ってはいけないといわれて、少し飲んではミネラルウォーターを口に流しこむことにした。あきらかに市販の酒ではなく、密造酒を飲んで中毒症状を起こした死亡事故の記事をときどき読んでいたので、警戒しながら飲んだ。次に大きな水パイプがまわってきて、この地域の名産であるタバコの葉に火をつけて吸った。

「乾杯《カンペイ》！」

「朋友《ポンユー》！」

それぞれ部族語が異なる男たちは、最初のうちはそのように標準話で乾杯をしていた。ところが、だんだんと酒を酌み交わすときの音頭が、ワ族の言葉に変わってきた。

「ニアーブライ（乾杯）！」

「ランジューブラン（健康を祈って）！」

「スゴイロム（幸福たらんことを）！」

ワ族のアポさん、フォンさん、トゥエイさんは酒を飲むピッチが早く、早々に酩酊した。三人は立ち上がって円陣を組み、ワ族の歌をうたいながら頭部を激しく縦に振って踊った。いくつかの資料によって、そのワ族の伝統的な踊りかたを知っていたので、現代まで受け継がれているさまを見て胸が熱くなった。イ族やタイ族の男たちは座ったまま、少しはなれたところで白酒を舐めながら、ワ族の踊りの輪を黙ってながめている。異なる言語や習慣をもちながら、たがいを尊重して混住している人たちの姿勢がうかがえた。

誰もがひと通りの食事を終えて、ワ族の男たちの歌と踊りの熱狂も落ちついた。庭に広げた簡易テーブルをかこみ、飲み会とおしゃべりがつづく。申し訳ないことに、アディさんの家の女性たちは料理をしたり、食器を片づけたり、子どもたちを寝かしつけたり、裏でせわしなく立ち働いていたが、それとは対照的に男たちはのんびりと宴会を楽しんでいる。食後の酒のさかなに、アディさんご自慢の炉でいぶした珍味が登場したのだが、ぼくは歓待される客人としての度量を試されることになった。

まず登場したのは、真っ黒に焼かれて焦げついた小動物だった。頭部と内臓は取り除いてあるが、その姿かたちには見おぼえがある。ネズミだ。男たちは足や腿をちぎりとって、骨付きのチキンを食べるときみたいにしゃぶりつく。ぼくが遠慮をして食べないでいるのを見て、ホストであるアディさんが不満そうにいった。

「家のまわりにでるドブネズミではなくて、山で狩った野ネズミだから大丈夫だ」

それを見て、ずっと黙っていたタットゥさんが親切心からか、あいだに入った。

「このネズミの尻尾のところが、珍味でうまいんだよ」

そのようにいって、黒焦げたネズミの尻尾を口に入れて、イカのくん製を食べるときみたいに、くちゃくちゃくちゃと噛んで味わっている。宴に混ぜてもらった客人としては、ここで引くわけにはいかない。目をつぶってネズミの尻尾を一センチほど前歯でかじり、味もわからないまま、白酒でのどに流しこんだ。その様子を見て、男たちはげらげら笑った。中国の山奥にいる野生動物がもっていそうな病原菌の名前が、何種類か頭のなかをよぎったが、胃袋に入ってしまったのであきらめることにした。

それで終わりではなかった。次にでてきた大皿には、やはり炉で黒くなるまで燻された甲殻類が山盛りになっていた。油でつやつやに光っているさまから、もっとも口に入れたくない昆虫かと思ったが、おそれをなしているぼくを見て、レイさんがいった。

「心配しないで、セミの炒め物ですよ。その辺りを飛んでいるセミではなく、ちゃんと食用に育てられたセミなので衛生的です」

そういってから、パラパラと塩を振りかけて、お手本を見せるというように食べてみせた。それでこちらも少し安心して、同じようにして口に入れた。たしかに小エビの唐揚げみたいなサクサクした歯ごたえで、中身の肉はほとんどない。同じ甲殻類であるせいか、風味もエビやザリガニに似ており、ほとんど味はないので塩味である。タイやラオスの田舎でコオロギを食べた経験はあったから、ネズミの丸焼きに比べれば、セミのほうがずっと食べやすかった。慣れれば、おいしいとさえ感じるようになるだろう。

ぼくが彼らと同じ食べ物を食べるというイニシエーション儀礼を終えたので、少数民族の男たちは明らかに満足そうだった。ひとりひとりから「乾杯！」や「朋友！」といわれて、盃をさしあげたり触れあわせたりして、夜は更けていった。

翁丁原始部落

その日は、待ちに待った翁丁《ウオンビン》原始部落において採訪する予定だった。朝起きて、宿の近くの道ばたで、豆鼓米干というタイ族の朝ご飯を食した。米干《ミーガン》というのは、もち米でつくったタイ族の米麺で、それを辛い味噌味のスープに浸し、乾燥させたニンニク、長ネギ、野菜などをのせて食べた。長いあいだ記憶に残るほど美味だった。

車でむかえにきてくれたレイさんとタットゥさんとともに、滄源の町から北上し、途中で道を西方へとおれて、山のなかを進んでいった。その道すがら、ワ族（中国語では「佤族」の表記）の歴史の話題になった。人類学者の鳥越憲三郎の説によれば、日本列島にいた倭人と、その源流となったと目される長江上流の雲南、四川、貴州にわたる広範囲にいた倭人の二者があった。鳥越は両者を包括する概念として「倭族」という言葉を提唱した。鳥越は中国の史書にあたり、前漢武帝の時代（紀元前二世紀）に南方への侵略があって、倭人の王国の大半が滅亡したこと、八世紀に雲南西部に南詔国が樹立するが、一三世紀に元によって滅ぼされ、中国領域における倭人系の王国が終焉したことを指摘する。

> 戦乱で倭人は各地に四散し、山岳地帯に逃避して少数民族になっているのもある。また東南アジアの諸民族は雲南から南下したという伝承をもち、彼らも稲作農耕を営み、高床式住居で暮らしている。／他方、太古に長江下流域まで移動した倭人は、さらに山東半島に向けて北上し、そこでもいくつもの王国を築いた。その彼らの一部が朝鮮半島を経由して日本列島に渡来したのが、倭人と呼ばれる弥生人である[3]。

なかなかダイナミックで魅力的な仮説であるが、レイさんに説明すると「自分には大昔の歴史のことはわからないが、わたしたち雲南の少数民族と日本列島が古代文化でつながっていると考えるのはおもしろい」という感想だった。途中から舗装道路が終わり、雲南省の山中ではおなじみのじゃり道になった。晴れているうちはいいが、天候が雨天に変われば簡単に通行止めになってしまう。曲がりくねった崖上の道を、濃緑色をした森を見下ろしながら進んでいると、翁丁の原始部落に到着した。

レイさんとタットゥさんでは「専門的な質問に答えられないから」といい、翁丁村では、ワ族の艾嘎《アイガ》さんという、地元に住む三十八歳の女性が同行してくれることになった。ワ族の言葉は、言語学的にはモン・クメール語派に分類される。そういわれてみれば、実際に会ったワ族の人たちは、イ族やタイ族と比べても、肌の色が濃い人が多いようで、どことなくカンボジアのクメール人を思いださせるところがあった。

翁丁村に着いてすぐに気がついたのは、集落に入るまでのルートが入り組んでいて、砦か要塞のようになっていることだ。かつて村のまわりは濠でかこまれていた。表の門は巨大で、堅牢な造りだった。現在は観光用に角のはえた水牛の頭骨がたくさん飾られてはいるが、地形から考えると表の門はかなりな低地に設えてあり、集落にたどり着くために、折れ曲がった石畳の坂道をのぼらなくてはならない。幅がせまいので一度に大勢がのぼることはできず、防御に適した構造になっており、日本でいえば戦国武将の小さな砦くらいの規模であった。

アイガさんの説明によれば、中国側には三五万人ほどのワ族がいて、そのうちの一八万人くらいの人たちに一九七〇年代くらいまで首狩りの風習が伝わっていた。いったん集落の外へでたら、老若男女の誰でも首を狩られる危険性があった。また、復讐心に燃えた他村の男たちがいつ襲撃にくるかもわからない。そのような理由から、ワ族の村が襲われないために要塞化する必要があったのだ。

翁丁村の竹でつくられた門は「スワンロン」と呼ばれる。その門は、流行り病や災害や外敵など、外部から悪霊が侵入してくるのを防ぐための結界として機能する。今回、小枝の先に木の皮で編んだ細工を取りつけたダリョーと呼ばれる鬼の目や、呪具であるカキョーと呼ばれる注連縄《しめなわ》は、集落の門ではなく、聖林やワ族の住居のなかで目にすることになった。しかし、かつては門の笠木にかけたり、柱のそばに置かれるものだった。この門は日本の神道における鳥居のようであり、鬼の目は関西で見られる勧請縄という風習に似ている。もちろん、磐座や神社など日本列島の聖地に注連縄が張られることはいうまでもない。ワ族と日本列島の倭人のあいだに共通性を見ることは不自然ではない。

およそ三十年前に同じ翁丁村にフィールドワークにきた鳥越憲三郎は、首狩りが盛んであった村でも禁止令がでてから不要になった門を壊してしまい、昔ながらのワ族の門が見れたのは翁丁村だけだったと報告している。村の門の扉は失われていたが、ダリューが貼られ、カキューが張られていたという。「よく見ると、柱の根元にもへぎを編んだ大形の鬼の目がおかれ、その横には農耕神の蛇《ウィン》を螺旋状に表わした武器二本が束ねて差してあった」と書いているのは興味ぶかい(4)。かつて首狩りの期間には、村の若者たちが昼夜交代で見張りについた。鳥越は集落における門の機能を次のように説明する。

村の門は村びとを悪鬼や悪霊から護ってくれる結界である。万一不浄な者が出ると、その穢れが村びと全員に波及することをおそれ、村からの追放となった。そのため村の出入り口に結界としての門を設け、心身ともに清浄にして農作業に励むことで、その年の豊作がもたらされると信じたのである。したがって村の門は村建ての最後の仕上げとして造られ、村びとは農作業の時季を迎える。そして毎年、村の門は播種前に建て替えられるが、収穫を重視して稲穂の稔りはじめる頃に建て替える村も生じた(5)。

科学が十分に発達していない時代は、世界中のどこでも流行り病、農作物の凶作、自然災害などは目に見えない悪霊の力と考えられ、それに対抗する方法が呪術なのであった。ワ族では、それに加えて他村による首狩りや仇村《あだむら》による襲撃といった外からの脅威があった。村の門の役割は、そのような強烈な力を食い止めて、退散を願い、集落の内側を平穏に保つための防壁だったのである。だから、村の門の建築もまた、種まきをして、育て、農作物を収穫する一年のサイクルと連動していた。しかし、鳥越たちによるワ族の考察にはもっと深いものがある。それはワ族が狩猟採集民ではなく稲作農耕民であり、ほかならぬ首狩り儀礼が農耕民の信仰と奥底でつながっていたことだ。翁丁村を歩くうちに、ぼくたちはその本質的な部分に何度もふれることになった。

註
1 『雲南からの道——日本人のルーツを探る』鳥越憲三郎編、講談社、一九八三年、一五二—一五三頁
2 「「文」字の民俗学的考察」張莉著、立命館白川静記念東洋文字文化研究所紀要第九号、七頁
3 『稲作儀礼と首狩り』鳥越憲三郎著、雄山閣、一九九五年、一〇—一一頁
4 『弥生文化の源流考』鳥越憲三郎、若林弘子著、大修館書店、一九九八年、六九頁
5 『稲作儀礼と首狩り』五二—五四頁

第八章

首狩りの信仰

弥生文化の源郷へ

案内役で通訳もしてくれるワ族女性のアイギさん、イ族のレイさん、タイ族のタットゥさん、そしてぼくの四人は、それだけで小宇宙を成すような翁丁村の領域を確認するように、外郭をぐるりとまわった。そうやって歩いていると、この村に古くからの伝統的な家屋がよく保存されていることがわかる。ただ保存するだけでなく、実際にそこにワ族の人たちが住んでおり、建物が現役で使われているのだ。

集落の外には高床式の倉庫が多くあり、むかしの日本の農村に迷いこんだかのような気分になった。壁や床などの骨組みを材木で組み立てて、丹念にひとつひとつ束ねて葺いた茅ぶきの屋根には、確かな技術的裏づけがある。一般の家屋だけでなく倉庫もまた、屋根の部材をX字に交差させた千木をもつ。

「ワ族の建物が屋根を千木にするのは、牛の顔を模倣しているという説があります。重いものの運搬、田畑を耕す作業、そして重要な食用としての牛肉。牛という存在は、わたしたちワ族の生活と切っても切れない関係なんです」とアイガさんは話した。

ふと、翁丁村の高台にでた。そこから集落を一望すると、なだらかな斜面に黒ずんだ茅ぶき屋根の伝統家屋が何十と連なって見えた。藁ぶき屋根もちらほら。何百年か前の雲南省のワ族の村では、どこでもこのような風景が見られたのだろう。人類学者の鳥越憲三郎と若林弘子が書いた『弥生文化の源流考』という書物には、一九九〇年前後にこの村を訪れて、高床式住居を詳しく研究した報告がなされている。その研究のはじまりにはきっと、このような風景を目のあたりにして「この場所こそ、のちに日本列島へと伝

茅葺き屋根が残る翁丁村の全景

わった弥生文化の源郷にちがいない」という直観があったのではないか。

アイギさんの案内で、李安甲という六十八歳のワ族女性の家に立ち寄った。小さな高床式の茅ぶき屋根の家で、地面には焚き木や竹を積み、木材でつくったベンチを置いて憩える場になっている。李さんは黄色い手織りの布を頭にまき、口に大きなパイプをくわえていた。腕には魔除けの大きな銀のバングルをつけ、腰から下はワ族の黒布の巻きスカートという出で立ちで、数珠ひもを何本もぶら下げている。彼女がぼくたちを屋内に招いて、お茶をごちそうしてくれることになった。伝統家屋のなかが拝見できることになり小躍りした。

高床式住居の屋内は驚くほど暗く、空気はひんやりとして涼しかった。簡単に木板をならべただけの床は、隙間から地面が見えており、竹で編んだ壁からも外光が差している。電気は通っているが、ガスや水道はない。灰を敷きつめて鉄の五徳を置いた簡単な炉に薪をくべて、李さんは薬缶に火をかけた。炉の上には吊り下げ式の台があり、炉からでる熱や煙で燻製をつくったり、トウモロコシを干したり、箕などの道具を乾燥させたりする生活に欠かせない乾燥場になっている。

李さんはお茶を茶碗にいれたが、まずは空の神のために窓から外に捨て、次は土地の神のために地面に流した。そうしてからでないとお茶を飲んではいけないのだという。ほかの家では、地面にお茶を棄てるのは祖先に飲ませるためだという証言もあった。

「空にいるのはどんな神さまなんですか」とアイギさんの通訳を介して訊いた。

「ワ族の亡くなった人たちの魂は、空の神のところへ行くんだよ。それで、やがて村にもどってきて、家を守ってくれる存在になるんだ」と李さんは答えた。

李さんの頭上にある天井には、木枝で編んだ大きなダリョー（鬼の目）が刺さっており、こちらをじろりとにらんでいる。そのような魔除けも抽象的な神や精霊ではなく、案外、祖先の魂のような具体的な人物の霊魂による加護が想像されているのかもしれない。

「こんなことがあったよ。ある家で人が連続して亡くなったことがあった。そこで、モーピーと呼ばれる薩満《サーマン》を呼んで占いをしてもらったのさ。ニワトリの腿の骨につま楊枝を差し入れて、そのひび割れの仕方で運勢を占うの。その結果によれば、その家では過去に死者がでたときに、土葬をせずに死体を焼いてしまった。そのせいで悪霊がとり憑いてしまったというんだよ」と李さんは語った。

李さんの旦那さんが野良から帰ってきて、上腕につけた赤と白の見事なハングルを見せてくれた。これも悪霊や悪運を避けるための魔除けだという。

「ワ族の家庭では、客人がきたときには老人や男や客人が先に食事をして、そのあいだ女性は給仕をして待つ。そして、彼らが食べ終わったあとに女性は食べることができる。じゃが、お茶くらいはかまわんがね」といい、旦那さんは笑った。

アイギさんの補足的な説明によれば、ほかにも食事のときには、年寄りや男性が高座に座り、女性や子どもは出入り口の近くに座るという作法もあるという。そこへ李さんの家のお嫁さんで、二人の子どもの母親という、三十一歳の肖依到《シャオイータオ》さんが偶然に立ち寄った。

「ワ族の伝統には良いものも悪いものもあると思うけど、わたしは義理の両親を尊敬してるわ。だから祖先の残した作法や習慣を、子どもたちにも伝えられるように教育していきたいと思ってます」と肖さんは語ってくれた。

「むかしはこの村にたくさんの家族が住んでいたが、段々と減っているよ。中国政府の命令で、ワ族は別の場所に移住させられたことがあった。ワ族だけで単一にして生活させようとしたんだね。それが『原始部落』としてワ族の伝統文化を観光化することになり、皮肉なことに、もとの村にもどってくることができんだよ」と李さんは語った。

いつでも理不尽な目にあうのは、少数者や力のない女性や子どもばかりである。中国側のデータでは翁丁村には二六〇戸ほどがあり、人口は一一四〇人ほどだというが、実際のところはどれくらいなのか。ぼくたちが翁丁村を訪問したあとで新型コロナの世界的な流行があった。二〇二一年の二月には火災が発生して、たまたまそれが強風の吹いた日であったために、またたく間に村中に燃え広がり、約一〇〇戸が消失してしまったことは新聞やニュースでも大きく報じられた。この村の貴重な住居や倉庫などの建物、家具や民具が灰塵に帰してしまったのは大変に残念だったが、死者やけが人がでなかったことは不幸中の幸いであった。

蛇神の木柱

いざ翁丁村の集落のなかを歩いてみると、起伏のある坂道が多かった。小径のほとんどが石畳になっていて、石段を登ったり降りたりした。低い石垣はこけで緑色に染まっており、歩道と隣接する民家は石垣か竹垣で隔てられている。雲南省の金平で見たハニ族の民家と同じように、軒先で真っ黄色なトウモロコシを束ねたものを列にして、乾燥させている光景にしばしば出くわす。ところどころに村の小憩所や広場もある。曲がりくねった細道が網の目のようにはり巡らされた村において、広場は似つかわしくないほど広い空間を占めていた。ここがワ族の村人たちの信仰をつかさどる中心的な場なのだ。

アイギさんの説明によれば、村の外れに神が鎮座する聖樹の生えた聖林がある。むかしは聖樹を詣ることができるのは、村の古老などの限られた人たちだけだった。そこで、村人が集まり祭儀ができる広場がつくられ、真んなかに神の依代となる木柱が立てられた。ぼくが飲み会で目撃したはげしく頭を振るワ族の男たちの踊りは、まさにこの広場で祭儀やお祝いのときに行なわれるものだ。鳥越憲三郎らは一九八九年、一九九〇年、一九九三年の三回、それぞれ一ヵ月余ほど孟連県、西盟県、滄源県のフィールドワークをおこなったが、まさに翁丁村のこの広場に立ち、いろいろと思考を巡らせた。

　中央広場に立てた神の依り代の柱を今でも残していたのは、翁丁村と同県芒回《マンフィ》村とであった。翁丁村では佤暦の正月前、柱の所に故老たちが行って、悪霊を村から追い払う儀礼（ロ〈払う〉・ピー〈霊〉）を行う。神の力によって村内を清浄にして新年を迎えるためである。しかも各家の正面を聖林の方へではなく、広場の柱に向けて建てている。それほど広場に立てた柱は、村びとの信仰の対象として重視され、歌垣の歌詞や民謡にも取り上げられている[1]。

　時代を経て少々変わっているかもしれないが、中央広場に石囲いされた壇があり、そこに立つ背が高いほうの木柱は、いくつもの円錐を積み重ねたような形態に彫られていた。何人かの村人に訊ねたが、これが蛇の神の姿をかたどったものではないかという人がいた。木柱には五、六本の木の棒がひもで縛られており、先端にのぼりもついている。それらの棒から水平方向に細い棒が突きでていて、トゲトゲがあるように見える。これはワ族の神話に登場する、かつて祖先が洞窟に住んでいた時代に、動物から身を守るためにつくったトゲのある植物の垣の形象を思わせる。下部には、何種類かの植物や花が供えられて、やはりひもで固定してあるが枯れ果てていた。

地面にはいわくありげな丸石が置いてあり、もう一本、短い木柱が立っている。こちらは自然の樹木を利用しているが、雨傘をひっくり返したような皿の彫刻が、木柱の頭部にほどこされている。実はこちらの簡素な低い木柱のほうが、聖林にある聖樹から農耕神ムイッ（またはムイッチュ）を広場に迎えるための依り代なのだ。その証拠に、柱の上部に取りつけた木製の皿は、神に捧げるための供物を入れるためにある。鳥越憲三郎は翁丁村に近い南撤村で、この木柱を立てたときの行事について聞き書きをした。

収穫前の陽暦八月に毎年、必ず櫟《くぬぎ》の材で先端が二股に分かれた高さ四メートルほどの柱《カララン》を広場の中央に立てる。そのとき犠牲として牝子豚を殺し、卵巣・内蔵《ママ》・肉などの各部分の一部を柱に供える。そして各家では、茶碗に入れた米の上に少し塩をかけて持参し、広場で御飯を炊き、肉とともに共食する。しかし女性は絶対に食べられない。食べた後、豚の頭蓋骨を柱の上に掛ける。この行事は一九五七年まで行なわれていたという(2)。

かつて行なわれていたワ族の祭儀の様子が伝わってくる聞き書きである(3)。農耕神に対して、豚による動物供犠がおこなわれていたことがわかる。

ひとつひとつの呪具の意味は、モーピーに訊かないとアイギさんでもわからないという。しかし、この木柱に勧請されるのは、村外れにある聖樹におわす、蛇の農耕神のムイッでまちがいないとのことだ。以前は、蛇をかたどる棒を村の正門や裏門におき、蛇の神が村に侵入しようとする悪霊を撃退してくれると信じていた。しかし、このムイッという神は、もっともっと奥深いところで、ワ族の村建ての神話や創世神話と結びついた、信仰の核心部分にある神的存在である。

　アイギさんが気をきかせて曹尼さんという五十歳の若いモーピーを連れてきてくれたので、彼に詳細な話をうかがうことができた。父親が八十三歳でモーピーだったので、それを引き継いで二十年前からシャーマンの役割を担っているという。ワ族では、シャーマンは薩満《サーマン》やモーピーや魔巴《マーバ》といくつか異なる呼び方があり、それぞれ役割に微妙な差異があるようだ。

「この広場の中心にある木柱は、ケンタンと呼ばれてます。たぶん桑科の木を材料に使ってますね。農耕神のムイッには具体的なかたちがないので、聖樹やこうした木柱におりてくるんですよ」

「この広場では、どんな儀礼をおこなうんですか」とぼくは訊いた。

「旧暦の正月と新米節と中秋の年に三回、農耕神に祈るための祭祀をもちます。まずお酒を地面にまいて祝福します。そうすれば、神がその力を発揮すると期待できるから。それから長い祝詞を唱え、豚を供犠にして儀礼をおこないます」

「いつ頃まで儀礼はおこなわれていましたか」

「七、八年前までは五月に必ずやっていましたよ。以前は、ワ族が家畜として育てる水牛や豚はみんな生贄のために使ってました。そして、犠牲にした肉を料理してご近所と一緒に食べる。食べきれない肉は親族に配ったものです」

「供犠にするのは水牛や豚だけですか」

「ニワトリも供犠にします。豚を殺したあとでニワトリを神さまに捧げて、広場にひざまずいて祈禱をします。男性はニワトリの脚を食べて、女性はそのほかの部位を食べることになっている。その脚の骨をつかって、鶏占をやって人生を占うのです」

水牛、豚、ニワトリなど、さまざまな家畜を犠牲にして感謝される農耕神ムイッであるが、いったいどんな神さまであるのか。鳥越憲三郎たちが採集した「スガンリ」という伝説から、この蛇の神と関係する部分を抜きだしてみよう。

むかし、ワ族の祖先は洞窟に住んでいたが、川へ水をくみにいくたびに虎に食われていた。そこで山の神が虎に犬を与えたところ、虎はそれを気に入って人間を食べなくなった。それで人間は外へでてきて、裸のままで狩猟採集ができるようになった。やがて食物の採集から人間同士で争いになり、怒った山の神は洪水を起こした。洪水が引いたあと、蛇や虎などいくつかの動物と人間のひとりの男だけが生き残った。山の神の命令で、その男はメスの仔牛と倉庫を守って暮らした。仔牛はその男の子どもをふたり産んだが、それは二粒のひょうたんの種だった。その種は山ほどの大きさのひょうたんに成長し、山の神が刀でそれを割ると、なかから人間の頭や手などいろいろなものがでてきた。

　山の神がひょうたんを割ったとき、蛇はその刀で足を切られて足がなくなった。一匹の小さな足のついた蛇がひょうたんからでてきて、世界の主宰者になった。その蛇が山の神に「山や平野や海をつくってください」とお願いし、「人間が種をまいて豊作になり、食べていけるようにしてください」と頼んだ。山の神に命じられた蛇は、水の底から種をとってきた。その種を人間は大地にまき、豊かな食糧を得て暮らせるようになった。(3)

　スガンリと呼ばれるワ族のとても有名な伝説である。洞窟の時代、狩猟採集の時代を経て人間が、つまりはワ族が農耕生活に入ることができたのは、こうした蛇の導きがあったおかげなのだ。この神話はワ族の社会において、蛇が農耕神として崇められるようになった逸話にもなっている。しかし、これだけでは、なぜ首狩りされた人間が農耕神としての蛇に化身し、村人を守護して豊穣をもたらしてくれるのか、その信仰の内実を説明することはできない。それを考えるためにも、もう何箇所か訪ねるべき場所がある。

木鼓と人頭杙

翁丁村の砦のごとき空間の内側では、ひとつの生活サイクルが完結している。アイギさんたちとともに、お目当ての建造物の前までゆっくりと歩いていく。その屋根は茅ぶきで、二本の竹材を交差させて千木に組んでおり、太い木材の垂直に立てられた柱がそれらを支えていた。壁があるかわりに、一本一本の材木の先端部分に彫刻をほどこした木製の柵で四方をかこみ、家畜小屋のようになかが丸見えだった。東南アジアによくありそうな造りの建築物なのだが、屋根の千木にした竹材から水平方向に七本の先がとがった木材が突きでている。それらは槍のシンボルであり、魔除けの役割をするという。ここは神殿であり、石畳の上に大きくて太い樹木の幹の内側をくり抜いてつくられた「木鼓」と呼ばれるワ族の太鼓が置かれていた。

神殿の屋根を支えるそれぞれの柱には、角の長い水牛の頭蓋骨が飾られていて、物々しい雰囲気だった。直径が六〇センチから七〇センチはある巨木を二メートルほどの長さに伐り、横に寝かせてあるのが木鼓だ。太鼓の胴にあたる部分に鰐口型の割れ目があり、木材の内側を彫り抜いてある。木鼓の両脇に穴がくり抜かれ、そこに大きなバチが一本ずつ差してあった。それらのバチを両手にもち、先端を木鼓に直接振りおろす。ぼくも実際にやらせてもらったが、それほど力を入れる必要もなく、気持ちいい音が鳴り響いた。木鼓は二個で一対とされ、実際の祭儀では四人一組で叩くという。

鳥越憲三郎たちの調査によれば、「木鼓小屋には「ムイ」または「ムイッチュ」という女神が鎮まり、穀物の生長を管掌する。つまり農耕神である。そこで首狩りされた首はその木鼓に供えられ、農耕神ムイに化身する」という。この神殿と木鼓はワ族の信仰において、とても重要なものだ。この木鼓はどんな祭りや儀礼にでも気軽に使用できたものではなく、首狩りの祭儀である「人頭祭」のときにだけ使われた特別な祭器だった。また、首狩りなどがきっかけとになり、村同士での争いになった折に、木鼓の音は遠くまで届くといわれていたので、他の村への緊急通報にも使われた(4)。

さて、翁丁村についてから、村の門、広場の木柱、そして神殿に置いてある木鼓という順番に見てきて、少しずつワ族における民間信仰の核心部分に近づいてきた。つまり、首狩りである。むろん、首狩りは世界中で見られる風習であり、首級と同義だと考えれば、中国や日本の戦乱期にも広く見られた習慣である。東アジアや東南アジアでいえば、台湾島、ルソン島、ボルネオなどの先住民や山地民族のなかでも盛んにおこなわれてきた。しかし、ワ族の首狩りがやや他と異なるのは、それが狩猟民や戦士の習俗ではなく、農耕生活における信仰と結びついているところだろう。

木鼓の置いてある神殿から、ほど遠くない林にむかう。村外れに小高い丘になった林があって、むこうには段々畑と棚田が広がっているのが見える。そこに二、三メートルの高さがある、太い竹によってつくられた数本の「人頭杙」が立っていた。切りだされた竹の樹木を立てたものなのだが、先端に竹皮で丁寧に編まれた籠がついている。まさに、ここに狩った首をおいて人頭祭がおこなわれた。人頭杙がどのように使われたかを問うことは、首狩りがどのようにおこなわれたかを考えることと等価である。

翁丁村で読むことができた資料によれば、毎年、春の種まきのときと秋の収穫のとき、人頭祭に村全体が参加した。「魔巴」と呼ばれる呪術者が鶏を殺して卦をして、若者数人が首狩りにいく日取りや方向を決める。吉兆を得るために何度もくり返し、ニワトリ十数羽が犠牲になることもあった。若者は村の外で会った人を男女の区別なく狩るが、老人や病人は狩らないことになっていた。対象が見つからない場合は、仇である村の出入り口で待ち伏せし、なるべく壮健な男子を狩るようにした。長いあごヒゲをもつ男性の首をもっとも吉兆としたのは、ヒゲの茂り具合が穀物の成長を連想させるからだ。ジェームズ・フレイザーのいう類感呪術であろう。若者は多くの場合、槍などで人を刺し殺して、刀で首を斬り落とし、首を布袋に入れて村へもどる。

村では木鼓を叩いて、首狩りが成功したことを知らせる。頭人（村長）や長老が村の門で若者たちを迎えて、狩られた首に米粒や卵を供える。首に酒を注ぎかけ、女性たちが泣きながらその頭をきれいに洗う。それから三日間、ご馳走がふるまわれて祭りになる。二日目に「洗刀」の儀礼がおこなわれる。首を狩った刀の血痕は簡単に落とすことができず、それは災難をもたらすといわれる。そこで水牛の血をためて、刀をくり返し洗う。この日は祭りが最高潮に達し、木鼓を叩き、歌って踊る祭りが夜通しつづく。そのあと頭人や魔巴が人頭を人頭杙に移すか、あるいは聖林の木の穴に置く。

首を持ち帰った若者は英雄として崇められる一方で、仇討ちや報復が絶えず起こり、村同士の抗争に発展することもあった。そうした殺戮によって人口が減少した。こうした首狩りの農耕儀礼は、春に種まきが終わっても雨が降らないときの雨乞いや、夏に虫の害や洪水に見舞われたときにもおこなわれた。一九五〇年代に人民解放軍が入ってきてからは、徐々に人間の首ではなく水牛の頭が代わりに使われるようになったが、ときには中央の軍人が移動中に首狩りされる事例が相次いだという。短いながらも、首狩りの実態と歴史が過不足なくまとめられていて参考になる資料であった。一方で、鳥越憲三郎は人頭杙の使用について次のように描出している。

持ち帰った首は木鼓小屋の端の庇の下に人頭杙を立てて供えられた。人頭杙は竹竿の先端に板を載せ、その板の上に首の入った籠をおく。そして首のまわりに檳榔・御飯・肉・酒などを供え、また首を斬った彼は生卵を首の歯に軽く打ちつけて割り、それで食べさせたことにした。斬られた首の口は開いて、歯を出した姿になっていると彼はいった。／その首を籠に入れる前、彼は頭髪を少し切り、それを丸めて家に持ち帰って祖先棚に供えた。（……）祭儀は三日間つづき、村びとは木鼓小屋の所に集まって歌舞する。(5)

この文章には、首のヒゲではなく髪の毛が豊穣の吉兆として扱われていたとある。ところで典拠は不明だが、民族学者の大林太良はワ族の首狩りのはじまりにまつわる、次のような神話を紹介する。ワ族の始祖はヤ・トームとヤ・タイの夫婦だった。最初はオタマジャクシで、次に蛙に成長し、さらに怪物になって洞窟に住んでいた。鹿、イノシシ、ヤギなどの動物を狩猟して食べていたが、あるとき村にいき、ひとりの人間を捕まえて食べてみた。ふたりには子どもがなかったが、人間を食べたら子宝に恵まれ、しかも人間のかたちをした子たちが生まれた。始祖の夫婦は、食べた人間の頭蓋骨を柱のうえに置き、崇拝した。夫婦に死期が近づいたときに子孫を集めて、彼らに起源を教え、ふたりのために人間の首を供えるように遺言した。そのため、ワ族はその言葉に忠実に首狩りをするようになった(6)。

翁丁村の資料は、首狩りのはじまりについての異説を報告している。紀元一世紀の三国時代、蜀の政治家だった諸葛亮孔明はワ族を征服しようとして謀略を考えた。蜀の軍隊はワ族に穀物の種を渡したが、それは湯で煮た種であったので、ワ族がそれを蒔いても発芽しなかった。そこで諸葛亮はワ族に対して「首狩りをして農耕神に供えるように」と伝え、今度は煮ていない種を渡した。ワ族は漢族から伝えられた言葉のとおりに、髪やヒゲなど毛の多い男の首を狩り、農耕神に供えた。すると大豊作になった。これがきっかけになり、首狩りをして農耕神に供えるワ族の慣習がうまれたという。

首狩りの習俗は、中国政府の説得によって公には一九五七年で終了したことになったが、実際には一九七〇年代まで続いた。ワ族が首狩りをする対象については、等級があったという指摘もある。最良の首はワ族とされ、つぎに漢族、タイ族という序列があった。だが、ラフ族とハニ族の首を斬ることはなかった。なぜなら、むかしラフ族の首を狩って袋に入れて運んだところ、その首がワ族の横腹に食らいついたので、ラフ族の祖先は鬼や悪霊のたぐいだから農耕神として祀ることはできないと考えたという。ハニ族に関しては、ワ族の腰巻が短いのを見て、自分たちの腰巻を割いてワ族に与えてくれたので、恩義を感じて首を斬らないのだとされる(7)。伝説であるから真に受けることはできないが、山岳地帯にさまざまな民族が混住するゾミアならではの寓話ではある。

聖林と供犠

むっとする湿気は昨夜に降った雨のせいか、それとも雲南省の山奥にずっと停滞している靄のような薄雲のせいなのか。数多くの水滴が藁ぶきや茅ぶきの黒ずんだ屋根から滴り、その下にある竹垣や石垣を濡らしている。目には見えないが肌では感じることができる水気があたりに充満し、それが石垣に生えそめる緑色の苔の上に濃厚にただよう。

濡れそぼつ石段で足を滑らせないように気をつけ、一段一段を注意ぶかくのぼる。立派な青竹を垂直に二本立てて、鳥居の笠木と貫のように木材を横に渡してあるワ族の門の下をくぐる。門の貫には、先をとがらせた竹槍が空にむけて三〇本ほど取りつけてある。これではどんな悪霊もおそれをなして退散することだろう。ワ族の人たちが、村や家や自分の身体にさまざまな魔除けを肌身はなさず装着していることは見てきたが、なかでも特に警戒される敷地に入ったという実感がする。翁丁村の塞王家であった。

古くからの名家であり、高床式で茅ぶきの屋根であるのは他家とかわりないが、ひときわ大きな屋敷。庭先に腰かけて優雅にキセルをふかすのは、頭人（村長）をつとめる楊艾那さんの奥さんだった。七十六歳という。髪を大きく頭上で結い、その上から朱色の布を頭に巻き、黒い上っぱりを着て、ワ族の伝統的な布をスカートのようにして腰に巻く。腕には立派な銀のバングルをしていた。八十一歳の夫の楊艾那さんも家からおりてきたが、暗緑色の人民服の上下を身につけ、肩からワ族の伝統的な刀をぶら下げた威厳のある様相だった。この世代の人たちともなると、夫婦ともに中国語が話せない。

ご夫婦にお茶をご馳走になるあいだ、気をきかせたレイさんとタットゥさんが塞王家の長男を探しにいってくれた。息子さんは五十二歳の楊尼惹さんという名の人で、この家の当主を継承するそうだ。ワ族の言葉、雲南方言、それに流暢な標準話である北京語を話す、物腰のやわらかい人だった。都会でビジネスマンをしていたが、両親が年をとってきたので、身のまわりの世話をして家を継ぐために数年前に村にもどってきたという。

「お父さんはいいご年齢ですが、現役の頭人なんですか」とぼくは訊いた。

「ええ、そうです。なにか決めごとをするとき、行事をするときに、村人は父にうかがいを立てることになっています。いまは父が高齢になったので、村の長老たちと今後の村の運営をどうするか話しあっているところです」と楊尼萏さんは答えた。

「お父さんは魔巴もつとめてきたんですか」

「はい。翁丁村では、文化的でさまざまな智慧をもつお年寄りだけが、魔巴と呼ばれるシャーマンの立場に立つことができます。さまざまな祭祀や儀礼で祝詞を詠んだり、必要に応じて鶏占の卦をしたり。占いはわたしもできますよ。なかでやり方を見せてあげましょう」

　楊尼萏さんは、そういってアイギさん、ぼく、レイさん、タットゥさんを家のなかに招き入れた。昼間でもうす暗くてすずしい高床式の住居。家の神の祭壇のまえに置いた古さびたステンレスの箱のなかに、木の枝、つま楊枝、ニワトリの脚骨、新米の籾などの呪具が入れてあった。どれも呪術的な儀礼や卜占で使う道具だという。新米の籾を使うあたりは、どうしても日本列島の新嘗祭を思い起こさせる。鳥越憲三郎たちはこういうところにも、ワ族の習俗と日本列島の弥生人のそれに地続きなものを見たのだろう。楊尼萏さんはニワトリの脚骨を手にとって説明してくれた。

「家の神や農耕神へ捧げるためにニワトリを供犠にしたあとで、残った脚骨で鶏占をおこないます。脚骨に細い楊枝を突きさして、ひび割れの仕方で運勢を占うものです」

楊尼蒠さんは紙にひび割れの仕方を何通りか書いて、図で示してくれた。片方が「K」のかたちに割れ、もう片方が「K」の左右反転したかたちに割れた場合、運勢は良い。また、片方だけが「人」のかたちに割れたときも吉兆。凶兆は「K」のかたちに横棒「—」を加えて、横や斜めに伸びる線が三本になり、しかも二回とも同じ目がでた場合など。偶然によって、脚骨のひび割れはいろいろなかたちをとり、吉兆か凶兆に振りわけられる。重要なのは、そこに何かを読みとる魔巴の神通力のほうであろう。だからこそ、人生の経験が豊かで、世間知が高く、学識もある者がつとめることになっているのだ。


塞王家の楊さん一家にお礼をいったあと、裏山をのぼり、ついに翁丁村での最終目的地である聖林へとむかった。そこは高台から翁丁村の茅ぶきや藁ぶきの屋根屋根が一望にできる高所であり、地形としても特別な場所にあった。鬱蒼とした樹木が生い茂る林をかきわけて進むと、山の尾根があり、その場所だけが切り開かれて空き地なっている。鳥越憲三郎はどこかで沖縄の御嶽と比べていたが、たしかにうす暗い聖地の雰囲気は似ている。だが、ワ族の聖林にはもっとおどろおどろしい死の匂いがある。

というのも、聖地の入り口に平らな竹ひごで編んだ「鬼の目」があちこちに立ててあり、目を光らせているからだ。聖域内に入ると、霧や靄などの湿気で濡れた地面に、二、三メートルほどの高さの杙が立ててあり、その木には大きな角をもった水牛の頭蓋骨が取りつけてあった。何十本の杙が、いや百本以上の杙が、聖域の地面のあちこちにぶっ差してある。その一本一本に頭蓋骨が供えられていた。つまり、ここは犠牲獣たちの墓場、生き物の血肉を農耕神にささげる供犠の場なのだ。水牛たちの頭蓋骨には苔が生え、カビが白骨の表面をおおい、全体を緑に変色させ、歯が抜け落ちたり骸骨の一部が損傷したり、どれもすさまじい形相で中空を見すえていた。

アイギさんにうながされて見ると、どの杙も木の股が「Y字」になった部分を使っている。いうまでもない。公式には一九五〇年代の後半まで、非公式には七〇年代ま

翁丁村の聖林

で、ワ族は水牛ではなく、木の杙に村外で狩ってきた人間の首を供えていた。無数の水牛の骸骨たちが、眼球があった窪みでにらむ先には、樹齢何百年になる聖樹が堂々とした姿で立ちふさがる。主に二本の幹からなるが、四方に大きな樹木を伸ばし、枝葉を広げている。つやつやと光る大きな根は地上にあらわれて波打ち、蛇の大群が渦巻くような細い根っこをあたり一面に広げる。空中から太くて複雑に絡まった、巨大な生き物の触手のような気根を地面へ垂らしている。それは蛇が樹木からぶら下がる姿みたいに見える。生命力の象徴そのものである聖樹の正体は、老齢の菩提樹だった。その樹には二本のとても太い幹があり、七つか八つの水牛の頭骨が供えられていた。数十年前までは、これらはみな首狩りされた人たちの頭だった。それがどのような光景だったのか、いまでは想像もつかない。

「聖林が思っていたより、広い敷地なので驚きました」とぼくはいった。

「ええ、ここは祭祀をする場ですから。それでも決められた人しか入れず、一般の人は先ほど見た広場で参加したんですよ。あれを見てください」

そういったアイギさんの指の先には、平石や四角い石、丸石などを積み重ねた石の塔がいくつも立っている。円錐状に石を積みあげるという意味では、対馬のヤクマという石塔の風習に似ている。しかし、こちらは人頭や獣の首を捧げて、農耕神に収穫を祈念するために石を積み重ねるのだ、とアイギさんは説明してくれた。

聖樹のまわりの地面は、樹木を保護するためなのか、低い石垣で囲ってある。ところが、石垣を蹴破るようにして菩提樹の根は伸長していた。理由はわからないが、この聖林にいると自分の視線が日本列島との相違点よりも類似点をさがしてしまう。苔におおわれた石垣の雰囲気や奥深い森の様相は、熊野古道を思いださせた。聖樹に首を供えたという点では、弥生時代の農耕儀礼というよりも、室町時代か戦国時代の山城か砦にでも迷いこんだかのような気分だった。

キリスト教にも仏教にもほとんど毒されていないように見えるワ族の信仰が、翁丁村の聖樹崇拝のようなアニミズムに息づいていることに深く感動した。農耕神ムイッが蛇神であるのも、この村に関していえば、菩提樹がもつ姿かたちと関係するのかもしれない。若者が人間の首を狩り、首は死したのちに農耕神として再生する。それは蛇の姿に化身して、その年の田畑に豊穣をもたらすという信仰。この神は自然災害、疫病、事故、紛争などの悪霊を退けてくれ、村や家族に平安をもたらす力をもつ。翁丁村の聖地を実地に歩くことで、少しだけではあるが、その信じる力の強さを肌身で感じられた。それではなぜ、狩られた首は蛇神に化身すると考えられたのか。

そのため大母神、つまり農耕神も冬の到来とともに死に、春の訪れで復活するものとみたのである。農耕神の属性は死と再生を繰り返すものであった。／その死と再生を伴う農耕神を蛇としたのは、蛇が農作業の停止期間は地下で冬眠し、それは死の擬態を意味するが、農耕の始まる時期の訪れとともに再生して地上に現われる。その季節感の一致のためである。もちろん冬眠する動物は他にも多くいる。その中で特に蛇が選ばれたのは、脱皮して生長する蛇の習性に、復活する特殊な再生力のあることを認めたからであろう(8)。

昆明市は北緯二五度で、雲南省は東南アジアであるミャンマー、ラオス、ヴェトナムと国境を接しているが、山岳地帯であるため春夏秋冬があり、夏はすずしく冬は寒い。だから、鳥越憲三郎が指摘するように蛇の出現に季節感を見たということはあり得る。ところで、翁丁村のフィールドワークの話題だけで紙幅が尽きたが、ほかにも単甲村や嘎多村というワ族の集落を訪ねて、高床式住居やその屋根や千木のちがいを見学し、ほかの村の聖樹や墓場を見て、農耕神や巫男や卜占について人びとに尋ねて歩いた。ほかの村では、農家の人たちや共同で土砂崩れした道をなおしていた村人に話をきくこともできた。

ワ族の人たちの言葉に耳をすまし、聞き書きをすることができたのは、あいだに入って粘り強く仲介の労をとってくれたタイ族のレイさんと、イ族のタットゥさんのおかげだった。滄源県の最後の夜、レイさんが家族や友人を集めて、ワ族の伝統料理の店でお別れの宴を開いた。子豚を開いて丸焼きにし、バナナの葉のうえに豚肉とさまざまな種類の焼き飯、山瓜のスープ、菜っ葉や木の実の炒め物、珍しい果物などなど山の幸がならんだ。飲めや歌えやの宴会のなかで、得意の炭坑節をアカペラで披露したが、好評を得たのは二巡目がまわってきて長渕剛の『乾杯』を日本語で唄ったときだった。

滄源での宿の滞在費、食事代、宴会費用、ガイドや通訳費用、車のガソリン代など、調査費用の一切はレイさんがもった。というより、支払いをさせてもらえなかった。空港での別れぎわにも一元も受けとってもらえなかった。このような徹底した歓待は、ジョージアのトビリシで連日連夜、宴会に招かれたとき以来のことだ。雲南省の山岳地帯に暮らす少数民族の人たちはよそ者に対して強い警戒心をもつが、いったん受け入れられて懐のなかに入ると、すさまじいまでの歓待ぶりで迎えてくれる。歓待と贈与という山の民のスピリッツ（精神、精霊）に触れられたことが、この旅でもっとも大切な経験だったのかもしれない。本章がささやかながら、その返礼になっていることを願う。

註

1　『弥生文化の源流考』鳥越憲三郎・若林弘子著、大修館書店、一九九八年、五二―五三頁
2　『稲作儀礼と首狩り』鳥越憲三郎著、雄山閣、一九九五年、七四頁
3　『弥生文化の源流考』　一九―一二二頁
4　『稲作儀礼と首狩り』六六頁
5　同右、一二九頁

6　『神話学入門』大林太良著、中公新書、一九六六年、一三四―一三五頁
7　『稲作儀礼と首狩り』六三頁
8　同右、三二一―三三頁

第九章

ヤオ道教と祖霊の森

北タイの山地へ

いままさに太陽が天頂にあるのだが、タイ北部の高地にいるせいか、あるいは、ぬるい風が吹いていているせいか、不快な暑さではない。バンコクやサラヤなどの都市圏に比べると、一年中トロピカルな気候であるとはいえ、高地では陽光の強さも湿度もぐっと弱まってくる。一月終わりの真冬の寒さだった東京を出立して数週間が経っていたこともあり、同じタイの国内にいても、インドシナ半島において南北に長く、東西にも広く分布するタイの各地域が異なる風土をもつことを、少しずつであるが感覚できるようになっていた。

カンボジア国境に近いウボンラーチャターニーでは、カムプーン・ブンタウィーが『東北タイの子』という小説に書いたサーイムーン村の原風景をもとめて、イサーン（東北タイ）の乾燥した荒野をオートバイで旅した。その経験については、また別の折に書くことになるだろう。同じイサーンといってもバンコクから列車でいくことができるコーンケーンでは、アピチャッポン・ウィーラセタクンが映画『光りの墓』を撮影した池とラオスの姫たちの祠をさがし歩き、ノーンカーイではメコン川をはさんでラオス側のヴィエンチャンとのあいだを往還しながら、同じ映画作家が『メコンホテル』を撮影した宿を訪ねて、サラ・ケオ・クーの公園でトンドゥーの神々の彫像を見て歩いた。

旅の道程において異国の文化のなかに入り、時間をかけながら、少しずつその土地において物事を「見る」ための、「感じる」ための下地が自分のなかにできかけている実感があった。しばらく逗留していたチェンマイの街をでて、チェンラーイへとつづく道をクンタンチェー国立公園にさしかかかるあたりで、乗っていた四駆のジープは細い山道へと折れた。細く開けた助手席の窓から入る風は、からりとしてさわやかな空気である。

二月後半の乾季とはいえ、山道を進むと森の木々は青々としている。熱帯のジャングルではあるが、このあたりの森には多種をほこる竹科の樹木が多いせいか、どことなく日本列島の植生を思いださせる。と思っていたら、真っ白に乾いた砂道にかわり、砂ぼこりが舞ってフロントガラスを汚し、ワイパーなしでは進めなくなった。草木がまばらなバナナ、マンゴー、ライチの畑が延々とつづき、しばらくするとゴム園の林に入った。そうしてたどり着いたのが、メー・チョンという村だった。案内者の話によれば、ここには数十年前にミャンマーから逃げてきた山地民のパラウン（またはパーロン）の人たちが村建てをして暮らしているという。

ほこりっぽい土道を進むと村の入り口があり、両脇に柱が立っていた。貫がなく笠木だけを柱に張り渡した鳥居に似た門である。よく見ると両側の門柱の上方に、大きな刃渡りをもち、つばと柄のついた木彫の刀が取りつけてある。国境をまたいで国は異なるけれども、ハニ族やワ族といった雲南省の山地民の魔除けを思いだした。村の住民に確認したところ、村の門と刀をかたった彫刻は、悪霊から村人を守っているのだという。ところで、パラウンやパーロンという呼称はタイ人やビルマ人によるもので、村の人たちは「タアン」と自称しているというので、ここでもその呼称を採用する。ちなみに中国では「徳昂族」の漢字があてられている。

平凡社の『改訂新版　世界大百科辞典』に大林太良が書いた「パラウン族」の解説によれば、ミャンマーのシャン州から中国の雲南省にかけて住んできた少数民族であるが、言語系統としてはワ族に近いという。人口はあわせて五〇万人くらい。「焼畑耕作を行い、首狩りをしていたワ族と異なり、水稲耕作を営み、平和な上座部仏教徒」とある。中国側ではトーアンとかタアンという呼称も使われる。王兵《ワン・ビン》という中国の映画作家は、ミャンマーと中国の国境付近で紛争に巻きこまれ、両側を行き来して難民状態にある彼ら彼女たちの姿を『タアン』（二〇一六年）というドキュメンタリー映画に撮ったことがある。

タアンの村

まわりは一面の濃緑のジャングルである。それを見下ろすように尾根が切り拓かれ、黄土色の地面がむきだしになった村があり、ぽつんぽつんと木板の床と竹材の壁をもつ人家がならんでいる。一軒の庭先でブルーシートを広げて、乾燥したトウモロコシの実をはがしている女性がいた。炎天下なので頭に丸くタオルを巻き、黒の上衣に、朱色の巻きスカートという民族衣装を着て、足は草履という出で立ち。地面に広げた直径三メートルほどのトウモロコシの実による黄色い円の前に、朱色の服を着たタアン女性がしゃがんでいる光景には、「ほう」と思わず感嘆のため息が口をついてでる美しさがあった。

「村には何人くらい住んでいるんですか」と案内者の通訳を介して女性に話しかける。

「いまは二〇〇人くらいじゃないの」と女性は答えた。

その女性はモクさんというお名前で、七十三歳のタアン女性だった。タアンの人たちは伝統的に水稲栽培ということだが、乾季のタイ北部では強光と乾燥につよいトウモロコシ栽培がいいらしい。話していたら、ニッと笑ったときに上下の歯列にお歯黒をしていて、まっ黒な口だった。

「ここは暑いから」といい、自家の軒先に招いてくれた。床が地面から二メートルほどの高さの高床式の家屋で、家の入口には、サイズも形状もあわない白木の木板を張り渡したでこぼこのテラスがある。対照的に壁は竹板を縦に連ねてきれいに編んでおり、竹ひごをX字に重ねて通気のよい窓にしている。

モクさんは背中に背負った手編みの籠を「よいしょ」といって下ろし、テラスの一段高くなった段に腰かけた。そこへモクさんの姉のアングさんがやってきた。御年八十歳という。アングさんも黒と赤のタアン女性の民族衣装を着ていたが、何やら腰に木製の輪を何重にも巻きつけている。子ども用の小さなフラフープを大人が身につけ、腰骨のところで落ちないようにしているような具合だった。「これは何ですか」とアングさんに訊ねた。

「ノンという腰輪だね。黒いものがノン・ウォン、茶色のものがノン・リエン、シルバーでできたものはノン・ドロンと呼んでいるよ」

「これを身につけると、どのような効能があるんですか」

「森の精霊のことを崇拝しないと、人は病気になってしまうんだよ。だから病気になったときは、キンマやタバコや動物などを供犠をして精霊に捧げものをする。ノンという腰輪は、病気をもたらす悪い精霊から身体を守ってくれるのさ」とアングさんは教えてくれた。

ほとんどの人が上座部仏教だというタアンだが、ふしぎとメー・チョン村ではあまりそれを感じない。むしろ過去からのさまざまなアニミズムの実践のほうが、色濃く残っている感じがあった。山、川、岩といった無生物に対する自然崇拝、祖先や死者の霊に対する祖霊信仰が残っており、仏教の実践とは別に、誰かが病気のときや作物が不作になったとき、あるいは結婚や出産のときにも、呪術師を中心にした儀礼が共同体のなかで役割を果たす。地元の呪術師が憑依状態になって、行事をおこなうべきか、縁起のよい日どりはいつなのかを告げることもあるという。

おもむろにアングさんは、ふところから二体の人形を取りだした。木板の床に置かれたそれは木くずのような材料を固めてつくった像で、一〇センチほどの大きさだった。男性の像は股間がふくらんでおり、やせた体軀であるが、フクロウのような顔をした半身半獣。女性のほうは股間のかわりに二つの胸にふくらみをもち、何かの仮面のかぶり物をしたような不自然な大きい顔をしていた。到底、仏像には似ても似つかない。

「これは仏さまですか、何かの精霊ですか。それとも祖先の像でしょうか」

こちらの言葉が通じていないのかと思い、何度も同じ質問をくり返した。しかし、アングさんも妹のモクさんも首を横に振るばかりで、答えようとしない。うまく説明できないのか、あるいはタブーに触れる質問なのかもしれない。二体の半人半獣の像が、村のタアンの人たちの、あるいは女性ふたりの信仰にとって重要な何かであるようだ。ふたりは質問に答えるかわりに「ついておいで」と仕草で示し、村の中心にある広場へ歩いていった。

乾燥した黄土色の人地に、ときどき風が吹くと砂が舞う。何もない広場の真んなかに、大きさも形状も盆踊りのやぐらにそっくりな建造物があった。ヒアンカナムと呼ばれる「精霊の家」とのことだ。四方に太い木柱をもった高床式の建物で、屋根は簡単にトタンを乗せているだけ。三メートルほどの高さの二階部分には、木製の階段であがれるようになっている。先端をとがらせた竹棒で棚をつくり、さらに約二メートルのとがった竹を二〇本ほどの束にして、四方の木柱に立てかけてある。魔除けだろうか。二階部分の屋根の下の空間には、白い布が広げられたかたちで吊るされている。

アングさん、モクさんのふたりのおばあちゃんに訊ねても、「わたしたちにゃ、詳しいことはわからない」といって詳細を教えてくれない。ほかの村の男性に聞くと、祠には山の精霊、森の精霊、川の精霊、大樹の精霊、大岩の精霊、階段や家の入り口の精霊が祀られているという話だった。ミャンマー

タアンの村の広場に建つ精霊の家

からタイに移住してきたタアンの集団に、これだけ自然崇拝や精霊信仰が残っていることは、どういうことなのか。男女一対の像はアカの祖先像に似ているし、紙で細工した依り代はラフのそれと似ている。タアンのもつアニミズムが古来から続くものではなく、移動する過程でさまざまな他民族から借用したり混交したりした可能性もあるので、それが独自のものであるという確証はない。

ところで、紙細工でつくられた精霊たちの依り代は、土佐の山奥に伝わる民間信仰「いざなぎ流」の御幣にそっくりだった。ベージュ色の紙で人形をかたどり、束にしたものを二階部分の木柱からぶら下げている。そこに赤や水色の紙も混ぜており、切り口を丸ませて大きな房にしたものもあった。細い竹棒に切り紙を取りつけただけの依り代もあり、それぞれ異なる精霊の依り代を意味しているようだ。二階部分の塀をつくる材木は、先をとがらせて刃のようにし、悪霊が入れないようにしてある。雲南省のハニ族やワ族の村で見た「鬼の目」のように、竹ひごで編んだ魔除けが塀の前に掲げてあった。

眼前に一対の半人半獣の像と、広場に立てられた精霊の家があるのに、事前に読むことのできた日本語や英語の資料には書かれていないものだった。それが表象するもの、背後にある言い伝えや信仰を聞きたくても、ふたりのおばあちゃんは口を閉ざし、通訳の力量からも村人から信仰の詳細を聞きだすことがむずかしい。宿題を残した感じだった。チェンマイから車で数時間の場所なので、半年ほどタイ北部に住んで村に通い、現地語を駆使するか、タアンの言葉に通ずる通訳者をともなって聞きとりができれば、あるいは、相当に興味ぶかいお話が聞けるかもしれない。自分が生きているうちに実現するかわからないフィールドワークの再挑戦を夢想しつつ、後ろ髪をひかれる思いでメー・チョン村をあとにした。

ミャンマーの国境地帯

その後は滞在の地をチェンラーイに移して、山岳民族の博物館で資料を集めたり、タイの最北端にある国境からミャンマー側のタチレクの町に越境して、シャン州における少数民族の調査が可能かどうかを模索したりした。シャン州には数多くのタアンの人たちが住んでおり、政治的にはタアン民族解放軍が自治権獲得の戦いをつづけている。メー・サーイ川で隔てられた国境をひとつ越えただけで、当たり前であるが、文字も言葉も異なるミャンマー側に入る。そのときに胸が高鳴るのは、異国と海で隔てられた島国育ちの悲しい宿命か。

ミャンマーの北東にあるシャン州であっても、国境をこえた途端に、ビルマ人風のロンジーを着た女性が一挙に増えた。色とりどりの服装は目を楽しませてくれる。タチレクは、かつてのゴールデン・トライアングルの中心地で、村々で栽培されたケシが集まる町であった。現在では、タ

イ側で徐々に観光化が進んでいる。タチレクの市場ではカレーや炒め物や煮こみ料理など、ひととおりのミャンマー料理を楽しめたのだが、タイ側に比べて大気や河川の汚染がひどく、そのような面でも別の国にきたという実感がある。

ミャンマーにおいて人を紹介してもらえる当てもなく、運転手や通訳者を見つけることも簡単ではなく、シャン州を拠点にして旅をつづけることはむずかしいと判断し、タイにもどることに決めた。しかし、いつかはウィチット・クナーウットが監督した映画『山の民』のなかで、シャン州のチャーマ村に暮らす、アーヨという名のアカの青年がミャンマーの村から追放されてメー・サーイ川を渡り、彷徨の末にタイの村に至り着く旅を自分の足でなぞらなくてはなるまい。

また、タチレクから山をこえて数十キロ先までいけば、ミャンマーと中国の国境があり、その先には、ワ族やハニ族やタイ族やイ族の土地である雲南省がある。雲南とミャンマーの国境をこえる旅も、近い将来に実現すべき課題として残された。実のところ、ゾミアと呼ばれる山岳地帯において、練りあげた旅の計画は実現しないもののほうがずっと多い。そのかわりにいくつかの幸運が重なって旅がうまくいき、民俗的なものが発露する場に遭遇したときには、心底から心を動かされる経験になる。北タイのナーン県の山に暮らすムラブリと出会い、ラオス側の森のなかで遊動生活をつづける集団をさがしにいった旅は、もっとも成功した例のひとつだった。

この旅のなかでは、タイ北部で実現したアカやラフの人たちとの交流が、自分にとっては比較的うまくいったように思う。それとは反対に、四一年前からリスの人たちが集住しているというパライ村と、国境をこえて移住した一三〇人ほどのリスの人たちがいるングリン村という二地点を訪ねたが、聞きとりは首尾よく進まなかった。いろいろな要因があると思うが、やはりキリスト教会がしっかりと住民の生活に根づいている共同体においては、伝統的な考えや慣習が希薄になっているという印象を受けた。そんななかで少し手ごたえを感じたのは、メー・サーイ郡の山中にあるヤオの村においてだった。

最初にこの村に入ったときから、何かありそうな雰囲気が漂っていた。とはいえ、この村の中心部にも白いコンクリートの教会の建物があった。そのすぐ横に草ぶき屋根の休憩所をもつ売店がある。こうした売店はタイの山中にいくとどこにでもあり、ジュース、パン、お菓子、インスタントコーヒー、卵などの食料から、シャンプーやガソリンなどの生活必需品まで何でも売っている。店番の人に紹介してもらい、むかしからの行事や慣習に詳しいというお年寄りを紹介してもらった。

最初に訪ねた家は、八〇センチほどの高さの高床式で、壁は竹を縦横に編んでいて、ヤシの葉だろうかトウモロコシの葉だろうか、見事な草ぶき屋根だった。太い竹をX字に交差して千木にしている。広い庭を犬や子猫やにわとりが自由に歩きまわり、ひさしの下に置いたわら束の横で老婆が横になって昼寝をしている。経済的には裕福ではないのかもしれないが、とても心が落ち着く場所で、竹でつくったベンチの上に永遠に腰かけていたくなった。通訳がこの家のおじいさんと話していたが、タイ語が通じないらしく首を横に振ってもどってきた。もとは中国やラオスから移住してきた人たちなので、若い人たちはタイ語を話すのだが、お年寄りはヤオの言葉しか話せない人が多い。

ヤオのおじいさんは申し訳ないと思ったのか、上半身裸のままでサンダルをつっかけ、「こっちへついておいで」と仕草で示した。村の目抜き通りはもとは山の尾根だったのか、急峻な坂になった見事にまっすぐな一本道だった。道の両脇にいくつもの農家がならんでいる。細い小路に入り、農家の裏手にでると、山の斜面につくられたゴム園だった。等間隔に植えられた木の樹皮の一部分をはがして、黒い容器のなかに樹液が垂れるようにしてある。おじいさんはゴム採取の仕方をひと通り見せてくれて、それで満足したのか、とぼとぼ歩きで自宅へと帰っていった。

目抜き通りに面して、白い漆喰の壁をもつ大きな農家があった。庭先には草ぶき屋根で、材木でつくったベンチの休憩所がある。その場所でまとまった話を聞かせてくれたのは、ムェイフェイ・センシリクンという六十四歳のヤオ女性だった。村のヤオの人たちは、もとは中国側の雲南省の「瑶族」のなかでも、最大の集団である盤ヤオがほとんどだが、国共内戦などの政変に巻きこまれ、ラオスを経由してタイまで南下してきた人たちだという。クリスチャン、仏教徒、祖先崇拝のごちゃまぜになった信仰をもち、ゴム園のほかにライチやパイナップルなどの果物を育てて、自給自足するために陸稲や水稲栽培もしている。

「わたしはね、ここから少し離れたドイ・ボーという村で生まれて、その頃はケシ栽培が盛んだったのよ」とムェイフェイさんは話しだした。「でもタイ政府に説得されて、段々とオピウムを育てる農家は減っていった。十二歳で小学校を卒業するまではその村にいて、この土地に移ってきてからは五十三年くらいかしら。わたしより上の世代は、なかなかタイ語を話す人はいないわね」

ムェイフェイさんのお嫁さんが、二歳の小さな娘さんを連れてベンチにきて座った。お嫁さんは漢族かミャオのような顔立ちで、いかにもモンゴロイド系の人に見えた。井戸端会議をするうちに話が盛りがあり、ヤオ女性の民族衣装を着てみせてくれることになった。黒字に水色とオレンジ色の模様を刺繍したズボンを履き、ロングコートのような長くて黒い上衣を着てみせた。それから、首に真紅のふわふわしたスカーフをつけ、頭にターバンのような黒い帽子をかぶると、立派なヤオ女性のできあがりだった。

ヤオのモー・ピー

ヤオは全部で数百万人の人口があるとされる、この地域の少数民族のなかでは大きな集団に入る。中国では瑶族、タイではヤオ、ヴェトナムではザオと呼ばれる。ヤオのサブグループにミエンの人たちがおり、ヤオの人たちはミエン語やミャオ語などいくつかの異なる言葉を話す。湖南省にヤオの自治県があることから、もとはこの地方がルーツだと目されるが、中国における戦乱や帝国への抵抗などの歴史のなかで、焼畑耕作のために頻繁に土地を移る生活スタイルでもあったため、徐々に移動して雲南省の山中へと広がり、ラオス、タイ、ヴェトナムの山間部にまで達したものと考えられている。タイ北部にいるヤオの人たちは、一九世紀後半に南下してきた人たちの末裔だという。

ムェイフェイさんから紹介されて会ったのが、ク・ジェンさんという七十歳のヤオ男性だった。彼は中国語名をもち、漢字で「趙才寿」と書いてくれた。彼はタイ語ではモー・ピーである。「モー」は医者で「ピー」は精霊や妖怪のことだから、精霊に憑依された者をいやす呪医という意味であり、つまりは祭司である。ただ、ヤオでは成人男性であれば誰でも家族のために祭司をするから、この男性が度戒儀礼を受けてランクをあげた、特に知識を多くもつ祭司であるかどうかはわからない。(1)畑仕事で褐色に日焼けし、小柄な体軀に頭は銀髪、細い目をした日本列島にもいそうな風貌の初老のおじいさんだった。

ク・ジェンさんは村の年中行事について話してくれた。なかでも関心を引いたのは、漢字とタイ語で書かれた中国暦のカレンダーをめくりながら、太陽暦（新暦）の四月四日前後は清明節であり、祖先や亡くなった家族のために儀礼をする大切な日だと語ったことだ。中国の清明節は、沖縄にはシーミーとして伝わっている。元来の祖霊崇拝があり、漢族の文字や慣習が入って道教的な信仰を受け入れ、習合させた独特の「ヤオ道教」をヤオの人たちは信奉するといわれる。同じ地域の山中に住み、キリスト教を受け入れたリスやラフとはまったく異なることがわかり、この地域にたどり着いた少数民族における言語や信仰の多様性に改めて驚かされた。

「年に何度か祖霊が村に還る機会があります。それをお祀りするのが、わたしの重要な務めです。ほかにも儀礼がたくさんありますがね。どれも複雑な儀礼なので、家で話しても伝わらないだろうから、ミエン・ピャオ（ミエンの家＝廟）へいきましょう」

ク・ジェンさんは家をでて、木材と竹でできた橋をわたり、村のなかの丘を黙々と歩いていった。すると、タイ語で看板が書かれた「ユー・ミエン文化学習センター」という建物があった。裏手には草ぶき屋根と板壁の建物があり、それが廟だといった。

「ユー・ミエンというのは集団名ですか」とク・ジェンさんに訊いた。

「わたしたちはヤオだけれど、ヤオは数百万人もいて、住んでいる国や地域も異なり、集団によって言葉や宗教もちがいます。ここに住んでいる人の多くは、ヤオのなかでもユー・ミエンといわれる集団ですね」

廟は森の谷間にある緑豊かな村が見下ろせる高台にあり、建物の背後はすぐに山になっている。天まで届きそうな大きな樹木が上方へと伸びている。その下には森が切りひらかれた空間があって、木材で骨組みをした屋根のない小屋四棟が建っていた。小屋にはお供えをする台がひとつずつある。おそらく祖霊や神霊が顕現するのはこの森の入口であり、そこから廟の建物のなかにある祭壇に召喚するのだろうと見当をつけた。

「毎年、森を守護する神霊のために供物をそなえ、ここで特別な行事をおこないます。ひとつめの台は土地の守護霊のため。ふたつめの台は稲や穀物の精霊に豊作を祈るため。三つめの台は村の表側を守る龍の精霊と、裏側を守る虎の精霊のため。四つめの台は作物を害虫から守ってくれる精霊のためにあります。それぞれ、豚一頭、ニワトリ、酒や米など異なる供物が儀礼的に決められており、それを供えて呪文を唱えます」とク・ジェンさんは説明する。

「ほかに決まりごとはありますか」

「この儀礼には、女性は参加できません。男性は前日から性行為をひかえて、当日は清潔な服装を着なくてはならない。それから、儀式のあいだはずっとその場に留まらなくてはならず、その日は丸一日、村の外へでることはできないですね」

実際に儀礼を執りおこなう祭司本人だけあって、詳しい証言が得られそうだった。龍と虎がでてくるのは、中国の神話で「四神」といわれる霊獣と関係があるのかもしれない。東の方位をつかさどる青龍、西の方位をつかさどる白虎といった観念と、ユー・ミエンにおける民間信仰が習合した神霊なのだろうか。ますます興味は尽きない。

ユー・ミエンの祭場

ク・ジェンさんが扉を開けて、廟の中に入れてもらうと、地面にコンクリートを張ったがらんどうの空間だった。しばらく使っていないらしく、埃っぽい空気が流れている。廟の裏手へ、つまりは森へむかって横に長い祭壇があり、供え物のための皿、儀礼に使う花瓶、線香、線香立て、水差しなどが置いてある。壁には黄色い紙に黒い筆文字の漢字で、四代前までのその家族における祖先の中国名が書いてある。これが祖図であろうか。壁にいくつも貼ってあるが、ここは儀礼のときは神画などを貼るスペースになるはずだ。

「この祭壇で新年に、祖霊に敬意を表する儀礼をおこないます。わかりやすくいえば、豚やニワトリの肉を捧げ、家族やその家畜を悪霊から守ってください、というようなお祈りをします。そうして、祖霊と生きている家族とのあいだで契約を交わし、それを書面にして祖霊に敬意をもって提出します。そのあとで祭司が村や家族の吉凶を占うために、にわとりの骨を使って卜占《ぼくせん》をおこない、その卦を見ることになっています」

ク・ジェンさんはそういってから、和装本のようにひもで綴じた手づくりの冊子を見せてくれた。筆書きでさまざまな人の名前が漢字で書かれた「家先単」、つまりは祖先簿である。しかし、趙家のものには表紙に「家先舟」と書かれている。ユー・ミエンの移住の歴史が、その「舟」という漢字に込められているような気がした。焼畑農業をくり返しながら、開墾する新たな土地を求めて、中国南部からラオス、ヴェトナム、タイへと山中を流浪してきた祖先のイメージがぼくの頭のなかで像を結んだ。祖先簿を見ると、そのピャオ（家族）の祖先とお墓の場所が記してあり、何代も前の祖先がどこをどのように移動してきたのか、経路がだいたいわかるという。儀礼の様子を写真で見せてもらうと、亡くなった人の遺影を掲げ、豚を丸一匹供犠にしたり、にわとりの丸焼きを供えたりと生々しい。チェンラーイの山岳民族博物館に掲示されていた文によれば次のような解説になる。

ヤオの家には、男性用と女性用のふたつの入口がある。三つめの「大きな扉」は祖霊を祀る祭壇の向かいにつくられ、儀礼にとって重要である。その扉から祭壇へ、祖霊が自由に出入りできるようにしてあるのだ。さらに、慈悲深い龍の神霊を召喚するために、家の背後には動物の檻や障害物を置かない。（……）馬はヤオの文化のなかで特別な意味をもつ。祖先の姿は、馬に乗った姿で描かれることが多い。家族の誰かが病気のときや、橋を建立するための儀礼のときなど、村の祭司は祖霊や天空の神霊に手紙を書く。その手紙が本物であることを証明し、病人の霊魂と病んだ身体のあいだの溝を埋めるべく、手紙には「馬」を意味する中国の印鑑を捺す。

ユー・ミエンの信仰は、アニミズムと道教が習合したものだという。ここで詳しく掘り下げることはできないが、そうであるなら天空の精霊というのは、中空に住む道教の玉皇大帝や、三清（元始天尊、霊宝天尊、道教天尊）のこと、あるいはそれと混交した神霊を指すのかもしれない。

ク・ジェンさんが話してくれた、新年などにおこなう卜占がどのようなものなのか気になった。卜占の道具を見せてほしいとお願いすると「自宅にあるから戻ろう」といい、廟の戸締まりをした。丘をくだって橋を渡り、彼の家へもどる道すがら、祭司は共同体におけるスピリチュアルな師父であると同時に、知識人を意味するのではないかと考えた。ミエン語などの話し言葉のほかに、漢字の読み書きができ、書記能力によって儀礼で呪文を読み、生者のために願書を書き、祖霊と生者のあいだで契約を取り決めて、和綴じ本に漢字で記録して保管する。現代でいえば、契約書を作成する弁護士の役割にも似ている。

ク・ジェンさんの家の庭に、大きな樹木の切り株でつくったテーブルがあった。そこに腰かけて話をしてから、儀礼や卜占がどのようなものなのか教えてほしいと再度お願いした。「わかりました。非常に長くて複雑な儀礼なので、さわりだけ説明してあげましょう」といい、家のなかから道具をもってきた。線香を立てるための竹筒に、太くて長い線香を二本を立てる。解穢水を入れた茶碗。中国語とタイ語で書かれた中国暦の日めくりカレンダー。お酒をつぐための急須。酒を入れるおちょこのような五つの磁器の茶碗。

見慣れない道具があった。ひとつは紙銭と呼ばれる

ヤオ道教の卜占を説明するク・ジェンさん

ものだ。年に一度、秋にユー・ミエンの人たちが二、三日集まり、神霊のために紙銭をつくる。それは長細い方形の和紙のような紙に、手づくりの金属製のスタンプを使用して、神霊のしるしである円形のシンボルを表面にたくさん捺したものだ。紙銭は作物の豊穣や、村人の病気からの保護を祈って、神霊に捧げるために儀礼の最中に燃やされる。

もうひとつは、ニワトリの脚の骨だった。ク・ジェンさんがこれを出したときには、雲南省のワ族とまったく同じであるので大変驚いた。一〇センチメートル弱の細い骨を二本用意し、その中心部に二本のつま楊枝をななめに刺す。そのひび割れたかたちによって卦を見て、村や家族の運勢を占う。卦は、祖霊や神霊と問答をして、その神意を知るためにも使われる。

「次は新年にくるといい。しばらくの間、村に滞在していれば、きっと新年の儀礼を見ることができるでしょう。そこに、わたしたちの信仰の本質のようなものがでています」とク・ジェンさんはいってくれた。

中国南部からインドシナ半島のつけ根にかけての山岳地帯を、気の遠くなるほど長い時をかけて、焼畑をしながら移動してきたユー・ミエンの人たち。タイ北部の山奥にあるさびしい集落に、祖霊や神霊をめぐる膨大な神話、歌、祖先に関する歴史が伝承されていることがわかった。だんだんと廃れているとはいうものの、一年をとおして、祖先祭祀、成人儀礼、度戒儀礼、葬送儀礼など、いくつもの複雑な儀礼がとりおこなわれている。「ヤオ道教」とも呼ばれるその神画と祖先簿と儀礼による大伽藍を前にして、とりつく島もなく、ただただ呆然とするしかなかった。そんななかで運よく祭司の男性と出会うことができ、ユー・ミエンに生きる信仰の姿を、彼が発する声や身体所作をつうじて少しだけ体感できたことが、何よりもの収穫であった。

註

1　本稿で使用したユー・ミエンに関する訳語は「通過儀礼における歌書の読誦と盤王神話」（廣田律子著、二〇一五年二月、講演原稿）などの論文を参考にした。

第一〇章

アカの鳥居、ラフの呪医

山地のアカの村

三月に入ってもチェンラーイでの滞在がつづいた。訪れるべき場所、見るべき場所が多すぎて、途方に暮れるくらいだった。この町からいける距離にあるタイ北部の山岳地帯には、アカの集落だけでも五〇の集落があり、およそ六万人が住んでいるといわれる。中国雲南省のハニの人たちが、長い年月をこえてミャンマーやラオスやタイへ移住し、山奥でどのような民俗や生活を保持しているのか、多少なりとも比較することが旅の目的だった。

現地の案内者とは、時間をかけてひとつひとつの集落を訪ねてみるしかない、という意見で一致した。たとえば、チュンラーイから北西に山をわけいったファイ・コムを訪れたが、ひとつの山中に入れば、アカの村とラフの村がとなりあい、別々に村建てをして暮らしているという具合で、アカの村ばかりを選んで訪問するわけにもいかない。

　地面がグラウンドのように平らになった盆地は、丈の低い緑色の稲が青々としたカーペットを広げる水田だった。黒い背中を見せる川魚たちが泳ぐ、透明な水の小川が何本も通っている。しかし、ひとたび人の手が入った水田をはなれて丘をあがると、乾季の砂ぼこりを浴びたのか、それとも水分を吸いあげることができずに枯れつつあるのか、薄茶色に染まった森のなかに踏み入れることになる。だんだんと山地の道をあがっていくと、黄土色に乾燥した砂ばかりの世界になり、その風景のなかに、ときどき同じような褐色をした木製の家が現れる。

　ファイ・コムのアカの村には三五戸があり、一〇〇人ほどが住んでいるとのことだ。村の中央に、トタン屋根をもち、壁を竹材で編んだ教会がある。村に教会があれば　古来からのさまざまな慣習は消えている可能性が高い。岩だらけの坂に黒い子豚が二匹いる小屋があり、高床式の穀倉と住居をもつ農家があった。倉庫の天井には、見事に黄色く色づいたトウモロコシをたくさん干しており、床には大きな瓜を収穫して山積みにしてある。その農家の住居で、初老の男性とおしゃべりをした。屋内にはたき木で火を起こす炉があり、竹ひごでつくった床や壁は隙間だらけで風通しがよい。しかし、アカとしての精神的なエートスはほとんど感じられなかった。

　同じ村で、アカの言葉では「ジュマ」と呼ばれる村長や司祭の役割を担っていたという男性を紹介されて訪ねた。ジュマという呼び方は、一九七〇年代から八〇年代にタイ北部のアカの村を調査した、民俗学者で歴史学者の鳥越憲三郎が著書に書いているとおりだ。

村長をジュマといい、村建て者をもってあて世襲である。しかし村長が八本指、双子、物をたべない嬰児を生むと、新しい村長を選挙で選ぶ。ジュマは村の祭祀で司祭としての立場をとり、行政は古老たちと相談して決める。

このほか呪術者として男性のピマと、副として女性のピヤがいる。彼らは村びとが病気などをしたとき、どの悪霊が悪さをしているかを見定めて生け贄を捧げる。また村によっては、さらにバシという鍛冶屋と、イーパという医者がいる。以上の者が村びとから尊敬されている。(1)

ファイ・コムのジュマは、アデュ・チュムさんという五十九歳の男性であろ。大きなテラスをもち、隙間のない板壁でつくられた立派な家なので、村長ということも納得できた。庭で竹材を伐る作業をしていたが、お話し好きなのか喜んで迎え入れてくれた。村のコミュニティハウスに案内されると、そこにはエコツーリズム用にアカの民族衣装、伝統行事、精霊の門などの写真が壁に貼られていて、タイ語と英語の両方で説明書きもあった。チャムさんは、精霊のための祭壇や悪霊除けの門について説明してくれて、祭祀のある特別な日には、女性たちがアカの伝統衣装を着て儀礼をおこなうと教えてくれた。しかし、この村では日常的に伝統生活を見ることはむずかしいようだった。

アカの人たちの原住地は中国の雲南省にあった。イ族と呼ばれる比較的大きな民族があって、アカ、ラフ、リス、モソといわれる支族があると考えられている。言語学的な区分ではチベット・ビルマ語派である。イ族はかつてはロロ族と呼ばれ、三世紀までは「滇」というひとつの国を本拠地にしていたが、戦争に敗れて移動がはじまった。唐の時代だった七三八年に、いまの雲南省西部にある湖の洱海《ウルハイ》周辺を中心にして、南詔というチベット・ビルマ語族の王国がつくられた。後年、この流れをくむ大理国が建国されたとき、革命における勲功を認められてアカの兵士は優遇を受けたが、この国も一二五三年に元の蒙古軍に討たれて滅亡した。[2]

しかし元朝にアカ族の首領は土官として任命され、明代も同じく世襲土官が認められた。ところが前述の清代におけるロロ族の反乱のときに加担したため、土官の地位を剥奪された。しかも清代における少数民族への迫害は激しかったので、一八五一年の太平天国の革命時に、アカ族も清朝に対して反乱をおこした。このときの大敗が起因となって、アカ族の一部は南の西双版納《シーサンパンナ》の地域へ、さらに国境を越えてビルマ・ラオスへの逃避行がはじまったのである。[3]

さまざまな帝国や王国が跋扈するなかで、アカの人たちは民族的なアイデンティティを保ちつづけたが、一九世紀なかばの反乱において敗北したことがひとつの契機となり、雲南の山地から現在のミャンマー、ラオスへの本格的な移住がはじまったと考えられる。ミャンマーのシャン州に多くの人が居住したが、二〇世紀に入ると、今度はその場所でもビルマの中央政府とシャンの内戦が起き、一部はさらに南下してタイに移動した。

門と呪具と祖先像

いくつかのアカの村をまわるなかで、昔ながらの習俗と女性たちの伝統衣装が残っていたのは、アファ・パッタナー村だった。急勾配の山の尾根にそって民家が立ちならび、地面は舗装されておらず、静かな村にはゆっくりとした時間が流れている。ゾミアと呼ばれるインドシナ半島のつけ根から雲南省やインドにかけての山地、つまりは「ゾミアを上空から鳥瞰的に見下ろすことを止め、地形図の標高線にそって横から水平的に見てみると、そこにはあるパターンが現れてくる。山地民は土地に固有の農業的利点や経済的利点を引き出すために、特定の標高範囲を選んで居住することが多い」という政治学者のジェームズ・C・スコットによる指摘がある。(4)

アカの人たちが多く居住してきたミャンマーのシャン州からタイのチェンラーイ県にかけては、

以前は「黄金の三角地帯」と呼ばれるケシ栽培が盛んな地域だった。ミャオやラフが彼らの生活慣習やケシ栽培のために高地に村をつくり、アカは標高一二〇〇メートル前後の二番目に高いところに住み、他の部族からの襲撃に備えるべく尾根筋に村をつくるという傾向が見られた。アカの村では、日本列島の弥生時代とよく似た高床式の伝統家屋や穀物倉庫と、茅ぶきや草ぶきで千木にした屋根が特徴となっている。

アカの伝統がまだ見られる村の入口までくると、誰でも気がつくのはロコーンと呼ばれる精霊の門が、北に一箇所、南に一箇所あることだ。アファ・パッタナー村では、民家が立ちならぶ尾根筋から少しはなれた、急な坂道になった山の稜線に立てられている。山の森の奥から集落にむけて、貫がない笠木と柱二本だけでできた鳥居のような木製の門が、六つならんで互いに重なるようにあった。集落に近い三つの門は自然と朽ちた笠木が落ち、柱が二本立っているだけだ。村の門は毎年新しいものを建てることになっており、古い門はそのままに放置しておくからだ。

重要なのは門の外にある聖林のほうで、森のなかに村人を守護する神や精霊、そして村を脅かす幽霊や悪霊などが跋扈する世界がある。一九七〇年代にサンチャイ・カオ村でアカの門を調査した鳥越憲三郎は、ミシャ・ロー（最大の儀礼）と呼ばれる聖林の奥に下草を刈った広場があり、一本のミシャ・アポーという聖木が高くそびえていたと記述している。神はこの聖木を伝って降臨し、神屋に供えられた米、酒、豚やニワトリなどの供犠獣の肉を食べると考えられている。鳥越によれば、別の村ではまっすぐな松の木が聖木とされていた。聖林はさまざまな呪具を取りつけた竹垣で囲まれ、聖木の前にはお供えのための簡単な神屋がつくられ、その場所で重要な儀礼がとりおこなわれるという。(5)

精霊の門のそれぞれの柱には、細い木皮で編んだダレと呼ばれる「鬼の目」がくくりつけてあった。大きな目をもった鬼がいることを示して威嚇し、村外から幽霊、悪霊、疫病などが入りこまないように見張っている。まるで奥飛鳥などで見られる勧請縄の習俗のようだ。また、聖林に悪い者が近づかないように、木皮をうすく削った細いへぎで輪をつくり、それを珠々つなぎにして一種の注連縄をつくっていた。それによって悪霊をしばりつけるという類感呪術であり、門の笠木や柱のあちこちに七夕飾りのようにぶら下げてある。門の笠木には、鉈でかんたんな模様を刻みこんだ木製

アカの村のロコーン（精霊の門）

の弓、矢、刀剣、槍などが刺してあり、神霊や祖先霊がそれらの武器で戦うことを示している。矢や剣は門のまわりの地面にも、いろいろな方位にむけて突き刺してある。悪霊の侵入を防ぐ結界を意味するのだろう。精霊の門が完成すると儀礼がもたれ、村人が村外からなかへ入り、邪霊がとり除かれた状態で日々の生活や農作業に従事できるようになるという。

重要なのは、門の笠木のうえに幾羽もの鳥をかたどった木彫が設えてあることだ。ノクーンと呼ばれる鳥像は頭と胴体と羽根をもち、いまにも飛び立とうとしている。それらは神霊の乗り物と考えられ、神霊の代わりに悪霊などの侵入を見張っている。良いものも悪いものも精霊たちは聖林に滞在するが、聖木やノクーンから類推するとアカの神霊の観念は垂直的で、一部の神霊を天からおりてくると見なしているようだ。鳥越憲三郎はアカの門を原初的な「鳥居」と見なし、雲南省から東南アジアの山地に点在する少数民族のグループを「倭族」と呼び、後年になって原弥生人として稲作をたずさえて日本列島に移動してきた人たちの一部だという仮説を展開した。鳥越憲三郎よりもさらに四十年ほど前、一九三〇年代なかばに、タイ北部の山地をおとずれたオーストリアの民族学者フーゴー・ベルナツィークは、アカの門の前に立ったときの印象を次のように書いている。

われわれは彫刻を施した六個の大きなアーチの門の外側で立ちどまった。いかなる異邦人も酋長のはっきりした許しなくしてはその門を通過することはできない。アーチが六つあるのは、村がその場所に六年間存続してきたことを示していた。村の門のそばに、性交姿勢をとった人物像が大きく原始的に彫刻されて立っていた。こういった豊穣の象徴は畑の肥沃と人間の生殖力を高めるように精霊を刺激するためのものであった(6)。

ベルナツィークはさらりと触れているだけだが、門の横におかれたアダ・ミダと呼ばれる木製の人物像を目の当たりにすると、その呪的な力に圧倒されてしまう。この村の祖先をかたどった彫像は、先がY字にわかたれた一本の太い木材を使っていた。男性像の顔は悠々とした表情を浮かべ、木のパイプをふかし、太い両足のつけ根から太くて長い男根を伸ばしている。むかい側に据えられた女性の祖先像は、両腕を地面に斜めに伸ばして受け身の体勢をとっている。小さな目と小さな口をもつ顔は穏やかで、両足を軽く広げて女性器で男根を受け入れ

男根を伸ばす男性の祖先像

ようとしている。これらの祖先像にも外界からの侵入者を防ぐ役割があり、いわば塞の神や道祖神のような役目をする。ベルナツィークが指摘するように、性的なものを強調して穀物の豊穣や農産物の多産をもたらす力を願う、生殖器崇拝の面があることは明らかだ。

民族衣装とアカの女性

村の北門がある急峻な峠から見下ろすと、まわりを山々と森にかこまれた尾根があり、茶褐色の三叉路が見える。山道の両脇は一歩でも道をそれれば、谷にむかって坂を転げ落ちるような山道だ。聖林の前にある門を仔細に見たあと、近くにある木材と蔓でつくったアカの伝統的なブランコの前でもいろいろと問答を重ねてから、アファ・パッタナーの集落を散策した。案内人と話して、やはりジュマと呼ばれるシャーマンに物事を教わるのがいいということで、家々を訪ねて歩いた。

屋根はトタン板だが、壁や床は竹材で編んである高床式倉庫の前で作業をしていた、ステープ・チャームさんという二十六歳のアカの青年と立ち話になった。彼によれば、この集落にはジュマの老人がひとりいるが、在宅しているかどうかはわからないとのことだった。数軒先にあるジュマの家を訪問すると、均等に割られた竹材でつくった竹垣が敷地をぐるりとかこみ、その奥に交差する木材の千木をもち、崩れ落ちんばかりに鬱蒼とした茅ぶき屋根をもつ伝統家屋があった。

「この集落にジュマの方がいると聞いたのですが」

「父なら、いま近くの村に出かけていますよ」

軒先でジュマの娘さんである五十九歳のアデュ・チャームさんが茅を編みながら、そのように答えた。残念ながらジュマは留守だった。一本の丈夫な竹棒を用意して、隙間ができないように茅を一束ずつひもで縛りつけていく。根気のいる作業だ。遠くからきた客人ということでかわいそうに思ったのか、アデュさんはアカ女性の伝統的な帽子を見せてくれた。老年の女性はふだんから悪霊を防ぐために民族衣装を着ているが、アデュさんくらいの世代になると特別なときにしか着用しない。後頭部に台形のアルミ板を取りつけ、側頭部に多くの銀色の球体とコインをあしらい、頭全体を黒い布、白いビーズ、アルミの半球で編んだ手づくりの帽子だった。ベルナツィークもまた、一九三〇年代にアカの女性たちの衣装を見て強い印象を受けた。


小柄な女たちの顔は幅広く、何百というビーズの鎖や貝殻、植物の実、染色した猿の毛をつけた重い頭飾りをかぶり（三二図）、特色のある衣服を着けていた。つまり、ビーズを刺繍し、前が開いた青い上衣を着、胸のあたりに細い布を巻き、お尻のところからほとんど膝までしかない短いスカートをはき、おまけに布の脚絆を着けていた。このように彼女たちはお腹の部分を除き全身をおおっていた。だからお臍の美しさが特に大事だと考えられている[7]。

集落の裏手にまわると、どこも乾季のからからに乾いた地面がむきだしになった山の尾根筋で、斜面から下の谷は熱帯の森であった。長い葉をつかって箒をつくっている女性がいた。七十歳くらいのナナさんという女性だった。自分でも本当の年齢はわからないとのことだ。まさにベルナツィークが描写したように、ナナさんは頭にコインやアルミの半球などの飾りものをつけた頭飾りをかぶり、耳のあたりから、赤、白、青、黄の原色から成るビーズを首にかけている。首からぶら下げた大きなシルバーの円盤は、ちょうど胸のあたりを悪霊（ネー・マムーと呼んでいた）から守るようにしてある。スカートの上から結びつけた見事な刺繍をほどこした前かけと、足首からひざにかけてを覆う刺繍をほどこした布が遠くからでもよく目立った。

民族衣装に身を包むアカの女性

この集落では、男性も女性もひまさえあれば森から木を伐採してきて、庭先で斧を振るっている。ナナさんもほうきづくりを終えて、切り株の上で斧を振るっていた。すると乾いたいい音がして、枝が切られたり材木が割られたりする。それらを家の裏手に束にして貯めておく。集落の一部に電気が通っているが、ガスはなく、料理などのために火を使うときは薪が使われる。家の中央には灰を敷き詰めた大きな炉があるが、ほかにもお茶をいれるときのために簡易的な炉が庭先にある。炉といっても石の上に十徳を置いただけの簡単なもので、その下に焚き木を突っこみ、火をつければ湯がわかせる。ナナさんは庭先のそんな休憩場所にぼくたちを招いてくれた。

「あたしの作品が見たいのかい?」

「はい、よかったら見せてください」

そのようなやり取りがあったあと、ナナさんが倉庫の奥からアカの頭飾り、アクセサリー、民族衣装をだしてきた。頭飾りはアデュ・チャームさんのものにそっくりで、大きなステンレスの板に銀色のボタン、コイン、玉飾りをつけて、赤いビーズで装飾していた。ナナさんによれば、頭飾りの装飾は村によってちがうし、それをかぶる女性の年齢、子どもを出産した日、家庭の経済的な状況、その女性が結婚しているか否かによって変わってくるのだという。

ナナさんが頭飾りをもうひとつ取りだしたとき、「アッ!」と思わず声がでてしまった。黒布の上に朱色の布を貼り、精巧に編んだ刺繍。小さな貝殻を列状に縫いつけ、球体にした遊び心のある模様。桃色や緑色のボンボンをあちこちに取りつけ、オレンジ色のビーズや糸をたくさん垂らしている装飾。そう、それは雲南省で見たハニ女性たちの帽子や民族衣装にそっくりだった。一九世紀からつづいたハニ族のディアスポラとでもいうべき離散と移動のなかで、国境をこえて話し言葉が変わり、北タイの山中に住み着いたアカの人たち。表面的な生活習慣は変遷したのかもしれないが、故里のハニ族の人たちと同じエッセンスが、ナナさんの手工芸に見られることに驚き、かつ感動したのだった。

高地の集落へ

楽しみにしていた日が近づいてきた。地図に記されているなかで、もっとも山奥にあるラフの村のひとつにアプローチするのだ。案内者の話では、チェンラーイから北西の方角にルアムミット村の象乗り体験ができる施設があり、その北方の山中にラフの村がある。だが、そこからは徒歩のルートしかないので、車であがるためにはぐるりと迂回して、村から村へと移動しながら山を登ることになる。途中からは道なき道になるので、四輪駆動の車といっても雨がふれば行けなくなるし、帰れなくなると釘をさされた。行き来するだけでも泊りがけになり、宿はないので民家に何泊かすることになるそうだ。

メーサーイ川の上流と並行して走る道路をあがっていき、ホゥアイ村あたりまでは道路も舗装されて町もあって順調だった。まっすぐ行けばメーサーイ滝という観光名所があるが、それには目もくれず、急勾配の坂をのぼる。この地域では、アカやラフの人たちが別々に集落をつくっている。以前からラフはキリスト教の宣教師や教会を受け入れてきた歴史があるので、固有のフォークロアがどれくらい残っているのか不安だった。ラフはもともとは雲南省に多く住むイ族の支流とされ、雲南省がミャンマーと国境を接する瀾滄、孟連、西盟など山間部の県に多くが住んでいる。清の時代の末期に、中央による統制が強まったことで一部がミャンマーやラオスに移住し、二〇世紀に入ってからタイ北部に入ったと見られている(8)。

主に狩猟採集と焼畑農業をしてきたラフは、標高一五〇〇メートル以上の高地で暮らすことが多い。四駆で山道を走っていて、アドゥ村をこえてアジャ村にさしかかる頃だったか。森の入口に、竹竿と竹の板でつくった神屋が見えたので車を停めてもらった。小さな休憩所のように見える神屋から、真っ白い数十の布や白いボンボンが垂れ下がっている。大きな頭をもち、両目と口のところに穴を開けた厚紙の白い人形もあった。子どもが工作でつくったような素朴な見かけである。ラフはもともと祖先崇拝、自然崇拝、霊魂崇拝が複雑に混ざりあった信仰をもち、シャーマニズムも盛んで、さらにキリスト教も受け入れている。これは一体どのような神霊だというのか。一九三〇年代にラフの新年祭を見たベルナツィークは、大酋長がとりおこなう祭祀の様子をこんなふうに描写した。

小旗と花輪で飾られた祭りの木が村の広場に立っていた。架台にいけにえに供された豚の頭が乗っており、ローソクが二本チラチラ燃えていた。(……)

彼は供え物を受けとり、新年の木の側の小さな机の上に置いて、二本のローソクに灯を点け、いけにえの式を始める前に手を洗う。そして両手をあわせて大声でお祈りする(三八図前出)。彼はお供えに祝福を与え、精霊に供物を受けとってくれるように頼む。彼はまたお供えを持ってきた人にも祝福を与え、新しい年にも精霊のお加護が彼らに下るよう祈ってやる。(9)

右記のような祭祀に使うと思われるのが、竹を地面に差して縦に四つに割り、割け目に竹を縦横に編んだマットをのせた供犠の架台である。アジャ村の外れにある聖林の前に拓かれたと見られる広場には、神屋や架台が三つ四つならび、赤と白と水色の紙垂れで装飾してあった。切り紙の細工を垂らしているところは、高知県山中のいざなぎ流を思い起こさせる。地面にさした木柱の先端には、穀霊のための供物なのか、白い米が入れてある。木柱を支える、先に木彫の細工をした二本の短い木柱は、雲南省のワ族の広場で見た蛇神の依り代にそっくりだった。白や黄や赤の幟が空高く掲げられて風に舞っている。現役で祭祀や儀礼に使われている神屋や祭具を目のあたりにし、早くヤフ村へいって誰かにいろいろと尋ねたいという意欲がわいてきた。

ラフの呪医

山頂にあるヤフ村に到着したときの感動を、どのように表現したらいいだろう。舗装されていない乾いた土道を進み、いくつかの村のなかを通り抜けていった。ふと視野が開けたかと思うと、山と山のあいだに緑に色づいた美しい田んぼが広がり、草花にかこまれて小川が流れていた。このような高地でも田畑を開墾する、山地民の労働力には驚かされた。ふたたび山道に入り、茶褐色のでこぼこ道にゆられ、四駆自動車の後部座席でなんとかルーフに頭をぶつけないよう手すりに必死でしがみついていたら、景色のよい山頂にでた。そこがヤフ村だった。

山頂からなだらかな傾斜面になっており、草木のない地面がむきだしになっている。遠くに靄に包まれた山々が見えた。高床式の家々のあいだは広く、茅ぶきか藁ぶきの屋根で、竹材で編んだ壁をもち、床も竹をならべただけの簡易な造りだった。大雨が降ったら土砂崩れが心配になりそうだ。その証拠に、村の通りには大水が流れた跡がはっきりと残り、水にえぐられた形状のままであった。電気、ガス、水道は通っていない。本で読んで想像していた、雲南省やミャンマーに暮らすゾミアの民の集落の昔ながらの姿が保存されている。そこに自分がいま立っていることが信じられなかった。

ここ数日の宿となる民家に荷物をおき、村の呪術師が会ってくれるというので訪ねていく。宿を提供してくれる三十四歳のジャブー・チャマオさんが、少し英語が話せるというので同行してくれた。ラフの集落の中央に床が二メートルほどの高さがある高床式住居があり、白と黄色の幟が風にゆれている。そこがラフの信仰的な儀礼をとりおこなうお堂なのだ。ラフの呪術師は「モーバ」とか「マーバ」と呼ばれ、漢語では「磨巴」の字があてられる。ヤフ村には女性と男性の呪術師がおり、その日に会えたのはジャベル・ウーパさんという五十歳の男性だった。彼の家の軒先で話を聞くことができた。

「どうやってモーバになったんですか」

「小さい頃から体が弱くて、いつも病気ばかりしていました。このままでは大人になることはできないと考えると、不安になって眠れない夜を過ごしました。両親はそんなわたしを見てとても心配し、大切にしてくれたけれど、だからといって状況が改善されるわけではありませんでした」

たしかにジャベルさんは集落のほかの人たちと比べると、細身で神経質そうな目をしており、見るからに病弱なタイプに見えた。

「ある夜、深夜に夢うつつの状態でいるときに、神霊がでてきて、わたしにいいました。『お前はマーバになって人びとのために働くという大切な役割があるのに、それを引き受けようとしない。そのような態度では、お前の体はどんどん悪くなっていくばかりだ』と。それで渋々、高齢のマーバに相談すると、それはきっと祖先の偉い人の霊だから逆らってはいけないといわれた。そこで、そのマーバから占いや呪術や祭祀の祝詞などを長い時間をかけて習い、いまはこの村のマーバのひとりになっています」

翌日、ジャベルさんが占いと祝福をしてくれるというので、民泊のジャブーさんと集落の真んなかにあるお堂へむかった。ジャベルさんが竹材でつくったお堂の扉を内側から開けてくれた。そこには驚くべき光景があった。部屋の中央に一枚のござを敷き、その先にトンウォーやオッテと呼ばれる木の祭壇があった。そこには額縁に入ったチベット仏教の高僧の写真、ブッダの絵画、過去に集落で村長をした偉い人たちの写真がならべてある。白と黄色の花束を飾り、祭壇の背後には黄色と白の旗や幟を壁にかけている。

ほかにも、竹材に白や緑やピンク色の紙垂れを取りつけた祭具や、先に白いボンボンをつけた木の棒を何本も挿した籠など、見たことのない祭具が所せましと置かれている。大きな三つの石に黄色いロウソクの溶けたあとが残っていて、供犠のあとの動物の血痕のように見えて生々しかった。ぼくが注目したのは、大きな竹の株を鉛筆のように先をとがらせた祭具だった。その中央に一羽の鳥をかたどった木彫が棒で刺してあるのだ。その鳥を囲むようにして、人間のかたちをかたどった木彫がならんでいた。アカと同じようにラフにおいても鳥が神霊の乗り物を意味するというのだろうか。

「その鳥は神霊への贈り物ですよ。病気になったときに、神霊に捧げるんです。わたしたちはコッコイターと呼んでいます。魂をもとにもどす力があります」

ということは、やはり鳥が神のシンボルであり、まわりの人がたは人間たちということになるか。そうやって観察をしていると、ジャベルさんが呪術師の服装に着がえはじめた。真っ白いシャツの上に黄色の上着を羽おり、黄色のズボンを履く。さいごにウッと呼ばれる黄色い「神霊の帽子」をかぶる。ジャベルさんは祭壇の前に黄色いロウソクを三本立てて、それらに火をつけた。それから一〇本ほどのお香の束に火をつけ、お香をもったまま、お祈りのために手をあわせた。目をつぶり、祭壇を拝みながら祝詞をつぶやく。お香のツーンとしたにおいが鼻をつき、急にお堂の内側が清められる感じがした。

ジャベルさんは立ちあがって、祭壇の前の入れ物に清浄な水を入れた。それから、祭具のひとつに賽銭を入れるように、ぼくたちに身振りで示した。ジャブーさんがペットボトルの水をかけると、ジャベルさんはバケツの上で自分の両手を何度も何度も、汚れを落とすようにしっかりと洗った。そのあいだ、祝詞を唱えていた。ジャブーさんはゆっくりとジャベルさんの手に水をかけながら、日頃からの心配ごとや願いごとを声にだしてつぶやく。そして最後に、ジャベルさんがひもを取りだし、それをジャブーさんの手首に腕輪のように結んだ。これで悪い霊が体に入ってこないお呪《まじな》いになるそうだ。同じようなひもが、ジャブーさんの手首に十本も二十本も結びつけられており、古くなって黒ずんでいた。この日のジャベルさんによる儀礼は呪医の役割に近いものだった。

見晴らしのいいテラス

呪術師のジャベル・ウーパさんのお堂をでて、何をするということもなくヤフ村をぶらぶらした。どこまでいっても茶褐色の土面と、太陽光にさらされて白竹になった民家がつづく。犬が自由に駆けまわり、猫が好きなところで眠り、ニワトリが落ち着きなく地面をくちばしで突きながら歩いている。基本的なインフラは通っていないが、ラフの人たちも動物たちもあくせく立ち働いてはいない。以前は谷の下まで水くみにいくのが重労働だったそうだが、いまは村の真んなかに井戸があり、水くみや洗濯の順番を待ちながら、女性や老人たちがおしゃべりに花を咲かせている。

一軒の建物に子どもが五、六人、ござの上で車座になっていた。何の集まりかと聞いたらそれが学校だった。テレビもスマートフォンも普及していないが、代わりにさまざまな教科書や本が運びこまれ、村の図書館にもなっている。チェンラーイからタイ人の先生が、住みこみでやってくるという。仏教徒のタイ人は徳を積むべく、積極的に少数民族の教化を請け負い、ボランティアで本や食料を運びこむ。その一方で、固有の言語やラフ文字は使われなくなっており、タイ語の使用に押され気味の様子だった。

一泊目は、ジャブー・チャマオさんの家のはなれに厄介になった。ふだんは子どもたちが寝起きする家屋だが、奥さんがぼくのために片づけをしてくれた。床は五〇センチくらいの高床で、竹竿を間断なくならべただけの床だから、どうしても地面が見える。裸足でその上を歩くと、足の裏がひんやりとして気持ちがいい。壁は竹を縦に割って平たくした木材を、縦横の柱に沿ってならべただけの簡易な造り。隙間から外が見えるし、風も入ってくる。蚊やハエを心配したが、夕方になっても高地なのであまりでなかった。

朝はとても早い。四時か五時の薄暗いうちから、森のほうで無数の鳥たちが騒ぎはじめた。そうこうするうちに、ニワトリが頭の上でコケコッコーとけたたましく鳴き、つづいて犬が吠えたかと思うと、畑や田んぼにでる人たちの話し声でざわついてきた。慣れない早起きをしたせいか、一日中、頭がぼんやりしていた。ジャブーさんの家で昼ご飯を食べてから、ナチュー・セントーさんという四十一歳の女性に会いにいった。炉の前で忙しく立ち働く主婦に見えたが、彼女もまたモーバだった。ところが、最初にあいさつをしたときから「外国からきた客人に呪術の話をするつもりはない」ときっぱり断られ、世間話をしただけで帰った。

ジャブーさんの家には、竹材で床をつくり、壁も何もなく、木柵だけが外界とのあいだを区切っているテラスがある。山の斜面に張りだして、谷の下にある熱帯の森が見下ろせる眺めのいい部屋だった。ござを一枚敷いただけのテラスで、大人同士でおしゃべりをしたり、ジャブーさんの三歳の息子の遊び相手をしたり、ゆったりとした時間をすごした。取材やらフィールドワークやらと、大げさな理由をつけてインドシナの山地民を訪ねる旅をつづけているが、実のところは文明的な利器があまり浸透していない村で、こうしてひと昔前のような豊かな時間をすごすことが一番の楽しみであるのだ。

「昨日の夜は家族四人、ここで眠ったんですよ」

ジャブーさんがテラスの隅に集めてある毛布を指さしながらいった。天井に茅ぶきの屋根が乗っかり、壁も窓もなく手すりがあるだけだから、半分ほど野天で寝ているのと変わりがない。子どもたちの部屋を奪ってしまったことも悪いと思ったが、それだけでなく、どうしてもこのテラスで一夜を過ごしてみたいと思い、ジャブーさんにお願いした。

「それは構わないですけど、東京からきたあなたには少し過酷かもしれませんよ。虫はでるし、風は吹くし、近所や森の音が筒抜けですし」とジャブーさんはいった。

「それでもいいんです。一度でいいから山の斜面にあるこの村の、この見晴らしいのいいテラスから、明け方にのぼる朝日を見ていたいんです」と、ぼくは笑みを浮かべてジャブーさんに懇願していた。

註

1 『倭族から日本人へ』鳥越憲三郎著、弘文堂、一九八五年、一二四頁
2 同右、一一七頁
3 同右
4 『ゾミア 脱国家の世界史』ジェームズ・C・スコット著、佐藤仁監訳、みすず書房、二〇一三年、一八頁
5 『倭族から日本人へ』一三二―一三三頁
6 『黄色い葉の精霊』ベルナツィーク著、大林太良訳、平凡社東洋文庫、一九六八年、二一六頁
7 同右
8 「ラフ族の創世神話「牡帕密帕的故事」」雲南拉祜族民間文学集成編集委員会著、柏木豊美訳、『国研紀要157』所収、二〇二一年、一六二―一六三頁
9 『黄色い葉の精霊』二四一―二四五頁

第一一章
ラタナキリの呪術師たち

混沌のプノンペン

いわゆる「秘境」や「奥地」と呼ばれるような地域にアクセスするためには、中途でバンコク、ヴィエンチャン、ハノイ、クアラルンプール、ジャカルタ、ヤンゴンといった東南アジアの大都市に降り立つことになるが、カンボジアのプノンペンの様相はそれらのどれともちがっていた。国際空港から市の中心部にむかうタクシーを捕まえることにひと苦労し、ようやくオートバイのトゥクトゥク（三輪タクシー）を見つけて空港の敷地内をでた。すると、空港前の目抜き通りにはさまざまな店に混じり、昼間から赤やピンクのライトをつけた店舗の前に、派手な化粧とドレスを着た女性陣が座っている娼館がならんでいた。

プノンペンの動脈となる六車線や四車線の幹線道路には、どこかの国から流れてきた中古車、トラック、トゥクトゥクが走り、ヘルメットをかぶらずに二人乗りや三人乗りをするバイクなどの群れがひしめきあう。ショッピングモールのある中心部ですら信号機がなく、ときどき交通整理をする警察官を見かけるものの、それぞれの車両が好き勝手な方向へ曲がり、逆走するので、路上はカオスそのものだった。それでいて、ほんの五センチか一〇センチの隙間で車両同士がすれちがうので、運転者たちの腕前は相当によいといえる。トゥクトゥクに乗ると、バイクからひったくりに遭うという警告を読んだため、ナップサックを腹に抱えて宿へとむかった。

映画監督のリティ・パンらが設立したボパナ視聴覚リソースセンターの一階が、映画や映像作品のアーカイブになっている。そこでカンボジア国内の民俗や神話、少数民族に関する映像作品をリサーチした。それというのも、雲南省やタイやヴェトナムの山地民に関する文字資料に比べて、ラオスやカンボジアではその手の文献が極端に少ないということがあった。カンボジアでは文献に頼らずに、自分の足で歩いて見聞することが必要になることが予想された。カンボジアという国がラオスやヴェトナムの中部高原と国境を接する、北東部のラタナキリ州とモンドルキリ州にいくと決めたのはいいが、大体どの少数民族のどの村を訪問するのがいいのか、当たりをつける必要があった。

カンボジアの山地民についてあつかうドキュメンタリー映画は少ない。ぼくが観たなかでは、デ

ンマーク人のトマス・ウェッバーが撮った『精霊たちの怒り』は質の高い作品だった。トンプーンの人たちが先祖伝来の土地を守ろうとして葛藤するさまを、伝統文化を紹介しながら見せていく。それから、プノンペン在住のアンヌ＝ロール・ポレとカンボジアの映像作家ギョーム・スオンが撮った『ザ・ラスト・リフュージ』。こちらの作品はモンドルキリ州のプノンを取材し、多国籍企業による森林伐採が進むことで、いかにプノンの伝統的な農業、儀礼、コミュニティが破壊されているか、その現状に切りこんだ力強い作品だった。監督のアンヌさんにはプノンペンで直接会い、情報やアドバイスを聞くことができた。だが、現地までいっていろいろと試行錯誤しないと道は開けないという結論は、ほかの国の山地民と大きく変わることはなかった。

首都のプノンペンから北東部のラタノキリ州の州都バ

ンルンへ行くには、飛行機もなく電車もなく高速バスもなく、乗り合いバスという選択肢しかない。カンボジアは歴史的にポル・ポト政権による専制政治や虐殺、その後の内戦などの混乱による影響で、まわりの国々に比べてインフラの整備が遅れている。国内を移動するにしても、飛行機や列車で行ける地域は限られており、車での移動が一般的である。また、プノンペンではカンボジア通貨のリエルはお釣り用の小銭としてしか使われておらず、他国のUSドルが流通していることもふしぎだ。そのせいか、日本からいくとほかの東南アジアの国よりも物価が少し高い感じがする。

宿からトゥクトゥクで移動し、発着場である小さなバス会社を見つけることも大変だったが、午前中に出発してから一一時間の移動も大変なものだった。ミニバンの後部座席に横に四人を詰めこみ、二列で八人が座った。運転手は助手席にもさらに二人座らせた。法律違反は明白だが、そんなことを気にする人は誰もいない。プノンペンを出発してコンポンチャムへ着くまでは渋滞がひどかった。その後はストゥントレンまでメコン川沿いを北上するのだが、車窓の汚れたサンシェードのせいで風景はよく見えなかった。

カンボジアの北部にさしかかると、道路の路面がガタガタになり、ずっとルーフ近くの手すりにつかまっていなくてはならなかった。ときどき車体がはねあがるくらい揺れるが、となりのクメール人のおばちゃんに体重を預けていたら、おばちゃんの方もお返しにカーブでぼくの方に体重をかけるようになった。尻の穴にぎゅっと力を入れて、自分に与えられた座席の空間の上にとどまろうとする。しかし、山道を右に左に折れ曲がり、でこぼこの路面で上下にはねあがれば、その努力もむなしく、体はとなりの乗客や後部ドアーにぶつかる。窮屈さと尻の痛さを我慢しているうちに、夜の十時を過ぎて、ようやくラタナキリ州のバンルンという田舎町に到着した。

バンルンは小さな町だが、たいていの物はそろえることができた。スーパーマケットやコンビニのような店はないが、町の中央に大きな広場があり、常に市場や出店がでて賑わっている。子ども向けの移動式遊園地もあり、毎日がちょっとしたお祭りのようだ。急勾配の坂道にへばりつく商店街を歩き、いくつかのツアー会社をまわる。英語のガイドブックに「ラタナキリ州ではエコツーリズムが盛んだ」とあるが、外国からの観光客を見かけることはほとんどなかった。二軒目で案内者と四駆のジープをチャーターできることになり、山地へむけて翌朝に出発することが決まった。

年齢が重なってきたので、旅先でも体力を落とさないようにジョギングをするか、プールで泳ぐことにしている。陽が落ちて涼しくなってから、住宅や農家がある道を走った。東南アジアのどこへいっても犬は放し飼いだが、バンルンの犬たちはやせて、眼をぎらつかせており、様相が異なった。道路の反対側をこっそりジョギングしているのに、遠くから吠え立てて小走りでついてくる。それを見て別の犬が追いかけてきて、野犬七、八匹に追い立てられながら走るかたちになった。親切なおじさんが大声をだして威嚇してくれたおかげで事なきを得たが、あの僻地の町で犬に嚙まれていたらどうなったかと思うと冷や汗がでる。

ラタナキリの山地民

カンボジア北東部の山岳地帯に「高地クメール民族」と通称される民族グループが住む。そのなかには、いまも仏教やヒンドゥー教やイスラム教の影響をあまり受けることなく、古来からつづく、山、森、川、木に宿る精霊を信仰する自然崇拝の人たちや、祖先の霊を祀る祖霊崇拝のかたちが残っており、彼らは精霊が村に祝福や凶事をもたらすと信じている。いわゆるアニミズムの信仰が根強い土地柄なのだ。一方で、その人たちの信仰の根源となってきた山や森が、海外から進出してきた多国籍企業によってゴム栽培などのプランテーションに変えられ、山地の少数民族の人たちがそこで労働者として使われるようになり、物理的にも精神的にも精霊たちの棲む世界が失われてきている。

ラタナキリの山地をフィールドワークするにあたり、ぼくがもっていたイメージは右のような漠然としたものだった。バンルンからアクセスできる地域には、クルン、トンプーン、ジャライ、カチョ、ブラウといった人たちの集落がある。四駆のジープでバンルンの町をでると、すぐに舗装道路はなくなった。三月は乾季なので大地は白くかさかさに乾いており、車体は砂ぼこりをあげながらオフロードを進む。椰子の木や常緑樹など、ときどき風景のなかに緑を見つけることはあるが、地面に生える背の低い草は、どれも地面と区別がつかないドライフワラーのような褐色だ。

最初に訪問したのは、ジャライの三〇家族が暮らすアンドン・ミア村。ジャライは国境をはさんだヴェトナム中部高原とあわせて、数十万人の人口をもつとされる比較的大きな民族グループだ。フランシス＝フォード・コッポラが撮った映画『地獄の黙示録』のラストに、森の奥でゴングを叩き水牛を供犠にする少数民族が登場するが、多くの誤解やエキゾティシズムにまみれてはいるものの、あれが欧米人から見たジャライなどヴェトナムやカンボジアの山地民に対する紋切り型のイメージだろう。詳しくはヴェトナムの章で書くことにするが、カンボジア側でもジャライの墓は異彩を放っていた。話を聞くことができた人たちからは、クメール・ルージュによる虐殺の影響がうかがわれ、カンボジア側に暮らすジャライの人たちがこの国の近現代史の荒波のなかで翻弄されてきたことがわかった。

村の家々は二メートル近い高さの高床式が特徴的で、伝統的な家屋ではなく、しっかりした木柱と木板の壁をもつクメール式の住居だった。軒下でニワトリやひよこを飼い、鴨も群れになって歩いている。家の庭先に数メートルの長さがある細い竹がさしてあって、竹ひごで「A」のかたちにシンボルを編んだ魔除けを連ねている。竹の先端には雲南省のワ族やタイのアカやラフの村で見た「鬼の目」がつけてあった。それによって、ここがゾミアの山地民の村と連続した場所で、アニミストたちが暮らす土地なのだと確信できた。

集落では運が良いことに、村のシャーマンである七十歳のカチョール・ターンさんに話を聞けた。ターンさんの話によれば、彼とその家族は一九七八年に入村したが、もとは山に住んでいた人たちで、川の精霊、竹の精霊、稲の精霊、森の精霊、そして最高神であるヤクを信奉してきたという。村で何かを決める必要があれば、ロンという集会所に集まって話しあいで決めてきた。ところが近年になって、大企業による森林の伐採が進んだせいで、精霊の棲む場所がなくなってしまったのだと嘆く。

「村に移住する前は、家族の誰かが病気になったとき、どうしていましたか」と、ぼくは案内者の通訳を通じてターンさんに訊いた。

「医者や病院というものはなかったんでね、悪霊に退散してもらうためには、死者たちの墓前にいって儀礼をするか、人間に悪さをする木の精霊のために供犠をして、鎮まってくれるようにお祈りをするしかなかったね。必死だったよ」

四十二歳のときから村のためにシャーマンの役割をするようになり、葬式で弔いの歌をうたうことが仕事のひとつだった。特に自殺者や交通事故の死者に関しては、霊が生きている村人に悪さをしないように丁寧に葬る必要がある。頼みこむと、ターンさんが呪術のひとつを実践してくれることになった。ロウソクに火をつけて、それを口のなかに入れ、何度か飲みこむ仕草をした。それによって、神の口を借りて話すことになる。突然、腹の奥から別人のような大声がでてきて、祝福の歌をうたってくれた。将来の健康や幸運を招き寄せる歌。それは乾季のラタナキリの山々をこえて、遠い空まで響きわたるふしぎな歌声だった。

トンプーンの人たちが暮らすパチョン・トム村を歩いた。広い領域に四〇〇世帯が暮らす大きな村だった。そこで偶然に出会った男性陣ふたりは、暑さのせいで上半身裸で過ごしていた。セィフ・ジゥーンさんという白髪の男性が地べたにしゃがみ、巻きタバコを吸いながら、自分は八十六歳だという。その年齢よりはずっと若く見えたので、戸籍があって計算した年齢でなく、自称だと考えたほうが良さそうだ。五十歳くらいの男性は内職なのか、家からつきでた露台で大きな籠を編んでいる。ジゥーンさんは、一九七〇年代のポル・ポト政権時代に抑圧をおそれて森で生活したときのことを話してくれた。

「ポル・ポト政権が崩壊したとき、ヴェトナム軍がやってきてな。森のなかで暮らしているトンプーンの人びとを呼び集めたんだよ。『もう恐れなくていい、彼らは去った。これからは村に住むことができる、ヴェトナム人はあなたたちを殺さない』と彼らは説得した。それで村にもどってくることにして、また稲作をしたり、ニワトリやほかの家畜を育てたりできるようになったのさ。けど、クメール・ルージュを恐れていたから、みんなが森からでてくるまでに、二、三年はかかったんじゃないか。それが終わるとヴェトナム人たちは国へ帰っていったよ」

ジゥーンさんも五十歳ごろから、集落でシャーマンの役割を果たすようになった。なぜなら、村では高齢の深い知識をもつ人間が呪医をする慣習になっていたからだ。森、川、稲、木といったものにヤーン（精霊）が宿り、その力を畏れ敬うために祝詞を唱え、精霊と人間とのあいだで供犠をしてとりなすのがシャーマンの仕事である。村において家族だけでは解決できないトラブルや病気が発生したときに、水牛を生け贄にし、米の蒸留酒をヤーンのために捧げる儀礼をする。

「あなたに水牛を捧げるので、どうぞ食べてください。このお酒を捧げるので、どうぞ飲んでください。それで満足したら、どうかこの家族に幸運と祝福を与えてください」と、ジゥーンさんはトンプーンの言葉で祝詞を読むそうだ。それが終わったあと、精霊が肉と酒を飲み食いしたものと見なして、儀式に集まった人たちで精霊との共食をする。そのときサイズと音程が異なる複数のゴング（銅鑼）をだして、村人たちが音楽を演奏する。ここまで話を聞いていたら、どうしても儀礼とゴングの演奏をこの目で見なくては気がすまないという気持ちになった。

クルンの供犠と呪術

ふたたび車上の人になり、褐色の世界を移動していく。ふしぎなことに山奥へいけばいくほど白かった地面の土が、黄褐色や赤茶色に近い色へと変わっていく。ときどきバナナの樹の下で、白色や茶色の東南アジアらしい牛が草を食んでいる。舗装された道路はなく、土を盛って高く固めた土手のような盛土が道になっており、その上をバイクや車が往来する。集落にさしかかると、大きなパラソルやドラム缶のゴミ箱を置いて、小売りの商店がちらほら見える。そうした人里からはなれて、せまい道を四駆のジープは登り、しばらくすると赤土の平地が広がる村にでた。二五〇世帯のクルンの人たちが暮らすラオングラン村だった。

高床のクメール式の家屋がぽつぽつと連なっているが、時おり竹材できれいに壁を編んだ伝統的な家屋もある。こげ茶色をした放し飼いの豚が残りものをさがし歩き、全身がすっ裸の少年が広場を走りまわっている。クルンの人たちは、大地の精霊「アラック」の力は強力で、その怒りにふれると村人が病気になったり怪我をしたりするという。そこで家族の健康や無事を祈って、精霊に水牛の生贄を捧げる儀式「ボン・ジャン」をおこなう。ちょうどその村に着いたとき、五十歳のナウ・リムさんによる儀礼のまっ最中だった。

「八十三歳になった父親が去年体調を崩したので、父の快方と健康を祈って牛を捧げることにしたんだよ」とリムさんは語った。

前日に水牛を捕まえておき、呪術をかけ、当日はそれを屠殺して、村のあちこちにある竹で組んだ祭壇に首と血と肉を捧げる。すでに水牛は解体されて肉となり、祭壇には水牛の大きな首と背骨からあばらにかけての骨が、精霊のために置かれていた。夕方になると村人たちが大勢集まってきて、解体された牛肉の料理がふるまわれた。赤土の上にバイクがたくさん止まり、男たちは家のなかで、女たちは家の外にわかれて、それぞれがもち寄った米の蒸留酒で大宴会がはじまった。

家屋の庭に集まった数十人の女性たちは、めいめいに肉料理を食べたり、水牛の赤い肉をもらったりしている。そのまわりで赤ん坊が泣き叫び、子どもたちが走りまわる。家屋のなかにも数十人の男たちや少年た

クルン男性と供犠した水牛の頭

ちが集まり、米の蒸留酒を飲んで酔っ払い、ごちそうを食べ、大きな声でしゃべり、さながら日本の居酒屋におけるような喧騒だった。大きな石を置いて、そこに太いたき木を二、三本さしただけのかまどでは、大きな鍋のなかに水牛の肉と野菜を入れて煮こんでいる。その近くにある井戸の前では、少女たちが石鹸やシャンプーを使って体を洗っていた。

何人かに話をきいていると、おもむろに酔っ払ったクルンの男たちが家からでてきた。五つの大きさと音程が異なる突起のついたゴングをもっている。竹で組み、水牛の首が祀られている素朴な祭壇を中心にして、そこをまわりながら演奏をはじめた。夕暮れになり、ますますあたりが茶色と赤に染まる大地のうえで、上半身裸の男たちがゴングを叩く。それはメロディを奏でるような洗練された音楽ではなく、トン、タ、ト、ト、タンタンのような一定のリズムが最初にあり、そこに音程の異なるゴングでリズムを重ねていくものだ。それは人間の喜びのための音楽であると同時に、大地の精霊に奉納されるものだ。ラタナキリの山地民におけるもっとも原初的な儀礼のかたちが、いま目前の光景のなかで展開されているかと思うと、それに立ち会っている感動で胸がいっぱいになった。

このように、目に見ることはできないが、人びとによって精霊の力がまざまざと感じられているという実感があった。ラタナキリの山地民の力強い信仰が見られたのは、およそ四〇〇世帯のクルンが暮らすというクロラ村においても同じだった。ゾミアの山々を歩いていて気がつくのは、電気、ガス、水道が通じていない集落では、精霊の存在が強く信じられている傾向があり、古くからの信仰形態もよく残っているという法則めいたものだ。村の売店を営む二十七歳の女性は次のような証言をした。

「先月からカンボジア人（クメール人）たちが、村の真んなかに道路をつくりはじめたのよ。そうしたら、クルンの村人のひとりに頭痛と高熱がでて、思い病気になってしまった。ところが、どの病院にいっても『病気じゃない』と医者にいわれて。結局、豚を殺して精霊に生贄を捧げたところ、ようやく治ったのよね」

クルンの人たちの霊的な世界では、いったい何が起きているのか。詳しい事情を聞くために、ヤッ・アラック（女シャーマン）と呼ばれる五十歳の女性、コム・チャングさんに会った。豊かな黒髪を頭上で結び、色つやのいい褐色の肌をして、上の歯列にお歯黒をしている。上には柄物のシャツを着て、下に派手な緑色の巻きスカートを履いているところは、クメール人女性と区別がつかない。終始、不機嫌そうにムスッとした表情をしているが、話しはじめた途端に言葉が流暢に口をついてでてくる神秘的な人だった。

チャングさんによれば、彼女は八歳のときにシャーマンになった。夢のなかで草刈りをしている死んだ祖父に会い、祖父から「このナイフを永遠にもっていなさい」と手渡された。また別の夢では、収穫したてのメロンを洗っていたら、そのメロンが首なしのニワトリに変わった。目がさめると、横で眠っていた祖母がのどを詰まらせて死にそうになっていた。そこで、あわてて雌豚と雄鶏をアラックという精霊に捧げたところ、祖母はなんとか命拾いすることができたという。

彼女が依頼人から贈られたコンテ（腕輪）を身につけると、夢のなかでその相手についてのお告げを精霊から聞くことができるそうだ。精霊の姿は見えないが、その声は聞くことができる。たとえば、バイク事故、病気、木から落ちる事故など、家族に不幸があった場合には、そのような夢占いやお告げを受けたあとで、必要であれば、家のなかを動物の血で塗りたくる悪魔祓いをほどこすこともある。

チャングさんが精霊の宿る木を見せてくれるというので、三〇分ほど森のなかを歩いてついていった。乾季で緑はまばらになっていても、木々はしぶとく葉をつけ、実をつけ、大地に根づいている。森ではその生命力がありありと感じられる。それが何の樹木かひと目ではわからなかったが、周囲よりひときわ高い、頂きの部分にだけ鬱蒼と枝葉が生えている特徴のある木があった。近くでよく見ようとするとチャングさんに「精霊の力がおよぶので、それ以上近づいてはいけない」と制止された。

「あなたはこの少し広くなった場所で呪術や儀礼をするんですか」とぼくは訊いた。

「そうよ。最近の例では、村で頭のおかしくなってしまった女性がいたわ。彼女が何のことをいっているのか、家族もまわりの人もぜんぜん理解できなかったの。それは精霊の力がおよんでいるせいだとわたしにはわかり、この場所でニワトリと豚を殺して精霊に捧げたばかりなのよ」

チャングさんはそれを何でもないことのように、さらりと語った。

インドから雲南省、そしてインドシナ半島にかけての山々に通いつづけ、ささやかながらも山地民の民俗や信仰にふれる機会をもつことができたが、カンボジアの東北にあるラタナキリの山中ほど、民衆が精霊の力をありありと感じ、それをおそれ、盛んに儀礼や供犠や伝統音楽によって、精霊とのコミュニケーションをとる努力をしている場に頻繁に出くわす場もない。ぼくは夢中になって、何日も何日も滞在費のつづく限り、山中にある少数民族の人たちの集落に通い、飽きずに村長や祭司やシャーマンの話を聞きたくなった。このような自然崇拝や精霊崇拝は、つい一〇〇年前くらいまでは迷信として退けられずに、蝦夷地のアイヌや東北地方の民衆、そして日本列島の片田舎に息づいていたものではないのか。

同じクルンの人たちが暮らすスワイ村では、呪術的な儀礼がおこなわれる場に立ち会った。眉唾な数字ではあるが、八十七歳だというソル・ボエイさんは、片目が見えない女性のシャーマンだった。長年重たい耳飾りをしていたのか、耳たぶに大きくて長い穴が開いている。彼女の祖父がアラックと呼ばれるシャーマンで、その言葉は同時に「精霊」のことを意味するという。ボエイさんは夢のなかで精霊の声を聞くことができるが、そのときは亡くなった祖父がはっきりとした姿で現れたので、何事かと思った。夢のなかで祖父は生前に大切にしていたナイフを彼女に授けてくれた。それは祖父の遺志を継いで、クルンの村人たちのためにシャーマンの仕事を継承せよ、という徴だった。それ以来、ボエイさんは人助けのために儀礼などを取り仕切る役まわりを担っている。

この日、家族が一〇人ほど集まる小規模の宴会が開かれた。七歳の女の子がやせっぽちで病気ばかりしているので、そのお母さんにソル・ボエイさんが頼まれてのことだ、セン・アラックと呼ばれる水の精霊からの祝福をほどこすために、みなで甕《かめ》で蒸留した米焼酎を飲む。米の蒸留酒であるスラー・ソーはカンボジアで広く飲まれているお酒だが、ラタナキリでは各家庭で手づくりをしているようだ。お米ともみ殻を蒸してから、大きな甕に麹と一緒に入れて醸成する。そして、植物の茎をストロー代わりにして、甕に水を注ぎ足しながら水割りのような状態にしていき、ちびちびと楽しんでいく。

大きな眼で大人たちを心配そうに見つめる女の子はかわいらしかったが、たしかに腕や体が細いような気がした。髪の毛を茶色に脱色したお母さんがやってきて、たくましい腕に女の子を抱きかかえ、自分のひざの上に座らせた。ひと通りお酒は行きわたり、男たちとソル・ボエイさんは大きな声でしゃべって、良い感じに酔っていた。すると、ボエイさんが酒の入った甕に水を少しずつ注ぎながら、ぶつぶつと呪言を唱えはじめた。その内容を知りたかったが、「クルンの言葉である上に、不明瞭にしゃべっているので聞きとれない」と同行した案内者にはお手上げの状態だった。

　想像するに、水を入れる行為と水の精霊に何か関係がある呪言なのだろう。その力を借りて、女の子に健康な力を注入しようというのか。想像は当たらずとも遠からずだったようで、ボエイさんが呪術をほどこした甕のお酒を、その場にいた女の子の家族がまわし飲みして、さいごに女の子もかたちだけお神酒をを飲む仕草をした。家族一同、十余名に酒が行きわたり、みなの酔いがまわった頃、ボエイさんに精霊が憑依したらしく、目つきと仕草が劇的に変化した。異言をしゃべるかのように、精霊はボロボロと女の子にむかって祝福の言葉を与えた。水の精霊が呪文とともに壺のなかに染みわたり、それをたらふく飲んだボエイさんの腹の底から、彼女の喉と口を借りて、いま女の子に生命力を吹きこもうとしている。ぼくの目には、そんな光景に映っていた。

第一二章
ヴェトナム、死者の魂のゆくえ

ハノイから中部高原へ

ヴェトナムの中部高原へむかう旅に、ホーチミンからのルートではなく、北部の都市であるハノイから入ったことには理由があった。以前、雲南省の山間部をめぐるために、省都の昆明《クンミン》から列車で南下して、中国とヴェトナムの国境の町である河口《ハーコウ》に行った。そのときに越境してヴェトナム側のラオカイという町も散策したのだが、とにかくそこが魅力的な土地だったのだ。

中国とヴェトナムの国境で両国の鉄道やトラックで運ばれてきた物品が輸出入され、人びとがダイナミックに往来し、市場へ行けば中国側ではミャオと呼ばれる、花モン、白モン、黒モン、青モンなどモンの人たちが、さまざまな民族衣装を身につけて、道端で野菜などを小売する姿が見られる。よい意味でカオス感がある国境地帯だった。そのときは中国側の国境沿いを山中へ入ったのだが、ヴェトナム北部への関心は消えることがなかった。そこで、まずはハノイに滞在したいという気持ちが強くなっていた。

真冬のハノイは、日本でいえばすがすがしい秋の気候で、街歩き、食事、博物館や美術館などで充実した時間をすごした。何よりも気に入ったのが、青、白、赤のストライプの車体をもつヴェトナム南北鉄道の寝台車での移動だった。いまでは日本列島ではめったに経験することができない寝台車で、十数時間をかけてゆっくりとハノイからダナンへとむかった。海辺のリゾート地で数日のあいだ英気を養ってから、長距離バスで半日ほどかけて、ヴェトノム中部高原の町にあるコントゥムへ到着した。地図で見れば一目瞭然だが、中部高原のそのあたりはカンボジア側と東西で接しており、国境を反対側に渡れば、山地の少数民族が多く暮らすカンボジアのラタナキリ州なのだ。

ヴェトナム側の中部高原には、ジャライ、バナ、セダン、コホ、ジェチェン、ブラウなどコントゥム省だけでも二〇以上の少数民族が暮らす多民族の領域。多くは森林を伐採し、川沿いの土地を開拓し、水牛を使って土を耕して、米やウリ、豆類や野菜類などを育てる自給自足型の農業形態をもつ。それに加えて、山地に住むので、狩猟採集や魚釣りを日常的におこない、必要な道具をつくるために、鍛冶や織物、陶器や木彫など伝統的な手工芸を手がけている。水牛や豚やニワトリなどの家畜を飼育し、それらは食用のほかに、年中行事や新築祝い、健康祈願や結婚式、葬儀などで供犠にされる。

カンボジア側のジャライ

カンボジアのラタナキリ州において、アンドン・ミア村というジャライの集落を訪ねたことを書いたが、有名なジャライのお墓については書かなかったので、ここで振り返っておこう。というのは、ゾミアの山々を旅してきて、さまざまな信仰に触れたが、ジャライのような他界観念と葬送儀礼には独特のものがあると思えたからだ。墓地にはブリキの三角屋根があり、その下に死者を葬った土まんじゅうがあった。コンクリートで囲ったお墓の敷地内には、死者が生前に使っていた布団、枕、蚊帳、ヤカン、鍋、食器、コップなどが散乱している。なぜなら、死者の魂は墓の放棄祭をするまで、数年あるいは十数年のあいだ、その場所に留まると考えて、死者が死後の世界でそれらを使えるようにと置いておくのだ。

そのお墓には、生前はお酒好きの男性だったのか、大きな米の蒸留酒用の甕が置かれていた。豚だろうか牛だろうか、男性の病気や葬礼のために供犠にされた獣のあご骨が、十個以上吊るされている。碑にはクメール語で死者の名前と、二〇一〇年三月四日に墓を建てたと書いてあった。特徴的なのは、パラオの草ぶき屋根の集会所であるバイと同じように、素朴な装飾壁画が数段に重なる横長のフレーム内に描かれていることだ。壁画にはゴングを叩く男たちがいて、供犠にされる水牛が祭壇につながれてある。人びとが横一列になってならぶ先には、司祭かシャーマンか、ストローをもった人物が米の蒸留酒の前に座す。これらのシンプルな屋根の装飾絵画は、墓を放棄する祭りの様子を描いているという。

ジャライの墓と女性の木像

墓地の四方に立って悪霊から守っているのは、木材に見事に彫刻された人物像たちだ。口ひげを生やした威厳ある中年男性の像があれば、上半身の乳房をあらわにして立つ女性像もある。コントゥム博物館で収集した資料によれば、彫像は、斧や彫刻刀やナイフを使って木の幹からじかに彫る。タイのアカの祖先像にも似て、男性の性器を見せる像や、妊娠中の乳房をだしたお腹の大きい女性像があり、それらは受胎や出生などの生命力を象徴するものだと考えられている。つまり、木像は死者の世界と現世というふたつの世界をつなぐ存在なのであろう。

ぼくがゾミアへの旅をつづけてきた目で見いだしたのは、お墓の近くに立てられた木柱のてっぺんに鳥の木彫ではなく、プロペラをつけた飛行機の木像が取りつけてあることだ。メラネシアのカーゴ・カルトやジョン・フラム信仰のように、天空に住む祖先霊や神霊が飛行機に乗って村へおりてくるとでもいうのか。あるいは、もっと現実的な歴史、たとえばジャライの人たちがヴェトナムからカンボジアへ避難せざるを得なかった戦争や内戦による傷が、飛行機や戦闘機という形象を借りて表現されているのか。タイ北部のアカの村では鳥は神の遣いであったが、資料によれば、この土地には病気で亡くなった人が鳥となって先祖のもとに帰るという考えがあるそうだ。

ジャライの墓放棄祭

ヴェトナム中部の少数民族における音楽文化を研究し、『ベトナムの大地にゴングが響く』（灯光舎、二〇一九年）などの著書がある柳沢英輔さんに知己を得て、コントゥム省で案内してくれるロンさんを紹介してもらった。翌日、ロンさんのジープでコントゥム市から数十キロはなれたジャライ省のケップ村にむかった。車をおりると一面に赤土の畑が広がり、その畝を伝って歩いていった。このあたりでは比較的規模の大きい農業が営まれていて、水稲のほかに、コーヒー畑、コショウ畑、ゴム林などが整地された区画でおこなわれている。

「これはヴェトナムの主要な民族であるキンや外国企業のもので、ジャライの人たちはここで労働者として働くか、細々とお米やキャッサバや家畜の餌を自分たちの畑で栽培しているだけですよ」とロンさんは耳元でささやくようにいった。

村外れにある墓場に着いた。カンボジアで見たそれと比べると、だいぶ近代化されている。墓地を背の低いフェンスで保護していたり、周囲を鉄条網とコンクリートの杆で囲んで、柱の上に陶器の番犬を置いて見張らせているものがあったり。家族の数名を埋葬できる大きな墓地もある。すでに二名が故人となり、盛り土のそばに顔写真の入った額縁が立ててある。農業や狩猟をしていた男性だったのか、天井に籠や箕が吊るされ、木製のボウガンが風にゆれていた。地面には甕や壺や鍋や食器が数多く置かれ、ペットボトル飲料もたくさん供えられている。惜しまれて亡くなった人であることが見てとれた。となりには、あと二、三名は埋葬できるスペースが十分にある。

近くで草とりをしていたジャライの老年女性に話しかけると、七十八歳のイー・シットさんという人で、故人の奥さんだった。お墓に飾ってあるのは、八年前に亡くなった旦那さんの写真だということだ。彼女は亡くなった夫の魂がここに宿っていると信じ、毎日お水や線香、タバコや食べ物、お酒や好物だったフルーツゼリーなどのお供えを絶やさないようにして祈っている。

「まだプティをしていないので夫の魂は消滅していないのよ、ただ生前の家に帰ってこないだけで」とシットさんがいった言葉が心のなかで残響した。

草刈りの道具を抱えて家に帰っていくシットさんの後ろ姿を見送った。

「ジャライの習慣では、プティ、またはレイボーマと呼ばれる儀礼がおこなわれるまで、墓地に死者の魂がいると信じられています。そして、お墓を放棄する祭りが終わると、お参りにくることをやめて、お墓は自然に朽ちるままに任せることになります。ほら、そっちのものみたいに」

ロンさんは説明してくれて、別のお墓を指さした。大きな菩提樹がいくつもの太い気根を地面へと伸ばしている。もとは墓場というよりは、ワ族の村みたいにこの菩提樹への樹木信仰があった聖地なのではないかと想像した。聖樹の根本には、木柱が朽ちて、三角のトタン屋根が地面に落ちてしまったお墓があり、屋根の上に枯れ葉や枝が降りつもっている。四方にあったはずの木製の人物像は、長年の風雨によって顔が失われて地面に倒れていた。

このお墓にありし日の人の魂がもう存在しないことは、ひと目でわかる。博物館の資料によれば、ジャライの人たちは身内の魂を祀るだけでなく、死者の霊が共同墓地をさまよい、生きている人たちに病気や災害や事故や人間関係の不和など、さまざまな災いをもたらすと考える。それゆえに墓を放棄するための祭礼をおこなうことで、死者の霊に現世との関係を断ち切ってもらい、死者たちの村であるあの世へと送り届けるのだ。

放棄の祭礼では近隣の村からも多くの人が集い、多数の水牛が供犠にされ、三日二晩ごちそうをいただく。そして、ゴングの演奏の音色によって死者をあの世へと導く。プティが終わったあとは、いま一度、水牛を供犠にして、土葬にしていた死体を掘り返す。そして、新しい墓石に移し替えて、古いお墓は放ったらかしにする。ここまで知ったあとで、何とかプティを見学することができないかと考えるのは当然のことだろう。

「プティは滅多におこなわれることはありません。村で一年に一回あるかないか。それも直前までおこなわれる日程は知らされず、知らせるのは家族や親戚、村人や近隣の住人だけです。部外者が情報を把握することはかなり困難で、ましてや外国人がその場に居合わせることはとても難しいものです」とロンさんは答えた。

その見ることが困難なプティの儀礼を撮影した記録映像が、前述の柳沢英輔さんたちによる『Pơ thi ジャライ族の墓放棄祭』（二〇一四年）という映像作品である。ヴェトナム中部高原にあるジャライの村で、プティのために材木を切り倒し、準備をはじめるところから映像ははじまる。初日の昼間、放棄される霊屋のまわりに村人が集まり、低音を鳴らす太鼓や、それぞれ大きさと音程が異なるゴング（銅鑼）をもっている。村人はそれらの楽器を手からぶら下げて、演奏をしながら墓地の周囲を歩いてまわる。

突起のある大きなゴングは複雑なリズムを叩き、突起のない平ゴングは小ぶりのものが多くて、旋律を奏でる。あとで供犠をするために近くに縛ってある、水牛や牛たちの姿が生々しい。インタビューに答える若いジャライの男性は「ゴングの曲によって、死者たちの魂を集めるんだ」と説明する。夜になると近隣の村々からゴングをもった人びとが押し寄せ、墓地のまわりでさまざまな曲を演奏する。男女が列をつくって手と手を取りあい、フォークダンスのように踊る姿は大変陽気だ。甕に入った酒がふるまわれ、群衆は大声をあげてしゃべり、闇のなかで松明を焚き、狂騒がピークを迎える。

ひとつの光景に思わず、アッと声をだして驚いた。祭礼には、若者が扮装した「ブラウ」という化け物が登場する。木製の黒い仮面をかぶり、頭の先から体全体に乾燥した葉を巻きつけた異形の風体だった。「彼らは墓地を練り歩き、死者の魂が現世を離れる手助けをする」と字幕の説明が入る。この映像を見て思いだしたのはむろん、九州南部、奄美諸島、沖縄、宮古、八重山諸島などに見られる来訪神のことである。プティに登場するブラウなる化け物は、ぼく自身も目のあたりにした宮古島のパーントゥや、八重山のアカマタクロマタ神に似ている。アカマタクロマタには、祭祀のときに唄う詞に「安南から来た神」とあり、漂流した島人が南溟の国から仮面を盗んでもどってきたという由来譚も残り、ヴェトナムや南方の島々とのつながりが強調されている。異なる文化における並行現象にすぎないとしても、異界をつかさどる草荘神の類似した姿には考えさせられるものがあった。

二日目の明け方、水牛や牛を棒でなぐり殺し、家畜を丸焼きにして体毛を焼き、それを解体し、みんなで料理するさまが記録される。このときのプティが盛大だったのは、七家族、三〇人から四〇人が入る墓地が一度に放棄されたからだった。中年男性がインタビューに答えて、「前年から甕酒用にもち米をつくったり、長い時間をかけて準備をしなくてはならなかった」という。解体した水牛や牛の頭を木柱の祭壇の上に供えて、それが十何本も墓地のまわりをぐるっと囲むさまは壮観である。その様子は、カンボジアのラタナキリで見たクルンの供犠とほぼ同じであることにも改めて驚いた。

二日目の昼間、四体のブラウが出現する。体中を黒い泥に塗り、植物の葉でつくった腰みのをつけ、頭を草木の枝や根で飾る姿は草荘神そのものだ。仮面の鼻に詰め物をしたり、口に木製のパイプをくわえたり、ひょうきんな面ももっている。見かけは島尻集落のパーントゥに酷似しているが、宮古では他界とつながる沼から来訪神が出現して子どもたちを怖がらせるのに対し、この村のブラウたちはふざけた踊りをし、卑猥な仕草をするなど道化に近い様子だ。ブラウの踊り手はインタビューで「死者たちの魂は、ぼくらがおどけて村人が笑う姿を喜んで見ている」という。ジャライの長老は「わたしたちは死者のもつ力をおそれるので、プティをおこなわなくてはならない」と答えた言葉も印象に残る。

バナのゴング音楽

ある音楽家がいっていたことだが、東南アジアにおいて国や民族をこえて、あまねく調べを奏でているのが青銅楽器のゴングなのだという。ぼくが知る限りでも、ジャワ島ではゴングの音色が祖先霊や動物霊を呼び寄せ、舞手にそれらを憑依させる核心的な力をもっている。バリ島のガムランの天上的な音色も、同じ青銅楽器という意味では親戚だといえよう。カンボジアのクルンの男たちが、供犠された水牛の首のまわりを歩いて演奏する姿には、少なくとも数百年は変わらない信仰の姿が垣間見られた。それがヴェトナム中部高原の山中にきて、異なる少数民族がさまざまなゴングをもち、独特の音楽文化を開花させている光景に出会うとは予想していなかった。

ロンさんに相談すると「それならばバナの人たちの村を訪問してみよう」という話になった。最初に訪れたのは、一六〇〇人の住民が暮らすコントゥ村だ。このあたりのバナの村にはキリスト教が浸透しているので、古い習俗は残っていないのではないかと疑っていた。案の定、村の中心に木造建築の教会があり、その横に伝統的な集会所であるロングハウスが建っている。村のあちこちに竹竿と葉でつくった民芸的な祠があり、クリスマスの時期だったので、ツリーの代わりに飾られていた。そのなかには森の精霊ではなく、東方の三博士が誕生したイエスを拝む場面が人形で再現されている。民族的な建築や工芸が、後から入ってきたキリスト教文化と独特のかたちで習合しているのだ。

ロンさんが引きあわせてくれたのは、アー・フンさんという五十五歳の彫刻家だった。彫刻家といっても専業ではなく、もとは家の農業を手伝っていたが、近隣の村で祭祀に使う仮面や墓地に飾る人形を頼まれてつくるうちに評判になり、ここ十五年くらいは彫刻づくりで忙しいという。おびただしい数の仮面や人形が、庭や玄関に積まれている。ジャライの墓地で見たような妊婦や男性の像があれば、ゆがんだ材木のかたちをそのままに利用し、精霊たちの顔を掘りだした不気味な仮面が数多くある。

フンさんに聞いてみると「これはランキンと呼ばれる酔っ払った男の顔。こっちはラグバーという母と娘の像。そっちはアングーというみなを脅かすお化けで、森に佇んでいて何でも食べる雑食なやつです」と詳細に教えてくれる。精霊や幽霊は不可視の存在であるが、フンさんはそれらの姿を素材である樹木のなかから見つけだし、彫ってかたちを与える名人であるようだ。民俗的なもののエートスにあたる部分には、アートがもつ独特の想像力でしかアプローチできない場合があることを改めて実感した。

帰り道の車のなかで、ロンさんが説明してくれたことをまとめてみよう。ジャライやバナやほかの山地民は元来が多神教なので、森、稲、川、田、家、村など生活に関係するあらゆる精霊を崇拝する。なかでも稲の精霊は天候を左右し、作物の収穫の良し悪しに関わるので強力な神とされる。その精霊たちの一部として、聖母マリアやキリストも自然と吸収されたと考えればよいか。母なる自然の前では人間はとるに足りない存在であるので、力の強い精霊に助けと保護を求める。特に創造主ヤンという神霊は最高の力と強さをもち、どんなときでも、まず最初にヤンに祈りを捧げるという。

別の日に、バナの人たちが多く暮らすコンレイ村を訪問した。ここでの目的はひとつだけだった。ゴング演奏の名人とされる八十四歳のアー・キュウさんに会うことだ。キュウさんはやせ型の瞳が大きい老人で、シャイで物静かな人だった。何の変哲もないコンクリートの家に住むが、その無機質でガレージのような部屋に入ると、ゴングやほかの楽器が置いてあった。キュウさんは瓢簞でつくったティンリンという六弦ギターを指で爪弾いてくれた。それから、ブラトゥンと呼ばれる二弦の楽器も紹介してくれた。

ゴングの演奏者に会いたかったのは、ヴェトナムの中部高原の山地民のなかで、ゴングがただの楽器以上の意味と存在感をもつことに気づいたからだ。たとえば、少数民族の誰かが亡くなったとき、その家族はゴングを打ち鳴らして村のコミュニティに、そのできごとを報せる。また、ゴングは家族の権威や富を象徴するので、墓地では死者の財産と一緒にゴングが埋葬されることもある。ジャライのプティに顕著に見られるように、死者と最後の別れをする祭祀では、ゴングの演奏が死者たちの魂を集め、死後の世界へと導くために欠かせないものとなっている。

しばらく待っていたら、九十歳のヌーさん、八十歳のイムさん、五十三歳のムックさんがキュウさんの家に集まってきた。ゴングは神聖な楽器なので、キュウさんは地面に丁寧にじゅうたんを敷き、その上に半円を描くように大きさの異なる平ゴングを八つならべて、自分はその中心に座った。ゴングの紐にかわいらしい子犬が嚙みつき、じゃれていた。ヌーさんやイムさんはタバコを口にくわえて駄弁っていたが、ゴングを取りだしてくると目つきが変わった。くたびれた老人に見えた人たちが元気に立ちあがり、大きなゴングを左手にぶらさげて、先端に布をまいた木槌を右手にもった。

ヌーさんたち三人は突起のついたゴングでリズムを叩き、キュウさんとそのゴングのまわりをゆっくりと演奏しながら歩く。キュウさんが短い棒を両手にもち、地面にならべた平ゴングのうえで手を動かし、旋律を叩きはじめると、天界から舞いおりてきたような青銅の澄んだ響きがあたりの空気を一変させた。一曲目は「ジャッカ・ポー」という儀礼でつかわれる曲だ。トン、タ、トゥという低音のゴングの規則的なリズムの上に、キュウさんが高い音階で軽やかなメロディをのせる次の曲は、曲調から想像されたとおり、「ティニュー」という恋人たちの歌だった。

それぞれが二、三分の短い曲であるが、音楽に耳を澄ませる者たちを、清澄で、敬虔な気持ちにさせる効果は十分だった。キュウさんは「これまで一〇曲くらいかな、自分のオリジナルの曲をつくってきたけど、次は『ヤックヌー』という滝に住む精霊を讃える曲を演奏します」といった。まさに高所から絶え間なく水が流れ落ちるように、キュウさんの両手がゆっくりと、しかし確実な音を響かせながら地面の平ゴングの上を行き来し、歓びの音があふれでて止まらなくなるような曲だった。

ゴングが響かせるわななきは、まわりの空気をゆらし、集まった人びとの心に響く。音波は林の木々にあたって、枝葉と梢に与えた軽い衝撃によって、かすかな音を立てた。それは風ではなかった。隙間からもれる木漏れ日が、ちらちらとぼくの顔にかそやかな光を投げかけたとき、目に見えない存在が身近にあるという感覚がスーッと体のなかに染みわたった。精霊はゴングが奏でる音楽に近いような存在だと考えればいい、という啓示がおりてきた。東ヒマラヤから雲南、そしてインドシナ半島のつけ根にかけての山々に八年かけて通ってきたが、これで十分なのだと思った。ここが終点なのではないかと感じた。

ゾミアと呼ばれる広大な地域で探し求めてきたものは、ここで見つかったのかもしれない。何ごとにも抜け目なく、計算高くふるまい、個我に固執し、徹底的に現代人であり続けてきた「わたし」という軸が、ふっと霧のように体内で薄れていく。ゴングの旋律とともにむこう側からやってくるのは、森や川や草木といった自分よりも大きく、常に移ろいゆく圧倒的な実在である。ようやく、精霊的な信仰を心の内側から知ることの糸口が見つかりかけている気がした。

ゴングの演奏が終わったあと、キュウさんやヌーさんらが談笑する輪に混ぜてもらった。墓を放棄する祭祀はジャライだけでなく、死者をあの世へ送るための最後の別れとして、バナや中部高原のほかの山地民にも見られるものだという。この村では大抵、死者が亡くなって三年以上が経ってからおこなわれる。「別れといっても悲しくはない。死者を悼む人なんていないよ。なぜなら、亡くなった人の魂は次の世界へいけるんだし、それを見送るためにわしはゴングを演奏するんだから」とキュウさんは簡単にいってのけた。音楽によってまわりの人びとと、村の共同体と、村をかこむ野山や川と、コミュニケーションをもっている人のつよい自負心が感じられた。日が傾き、山間にある森で鳥たちが騒ぎはじめたようだ。その遠い鳴き声に耳をすましながら、そろそろ家に帰るときがきた、と悟った。

あとがき

本書に収録した文章は、二〇一三年から二〇年にかけて断続的におこなった民俗的なフィールドワークの経験をもとに書いた。インド北東部のアルナチャル・プワデシュ州、中国の雲南省、ミャンマーのシャン州、タイ北部、カンボジア北東部のラタナキリ州、ヴェトナム中部高原における少数民族の民俗文化とアニミズムの信仰に魅せられ、時間が許せばとり憑かれたように通った。あるとき四方田犬彦さんが雑誌に書いたコラムを送ってくださり、その地域が「ゾミア」と呼ばれ、国境をこえてひとつの領域として研究されてきたことを知った。それからは、ジェームズ・C・スコットの著書『ゾミア』を耽読し、八年の山地通いのなかで起きた「注目すべき人々との出会い」を書きたいと願った。

これまで映画、文学、民俗学、人類学といった異なるジャンルの知をかけあわせながら、創作的な評論や紀行文を書いてきた。だが多くの書物を読んで引用し、難渋な解釈を加えながら文章を再生産するだけでは、その内容も文体もやせ細っていくばかりだと気づいた。

頭の弱い人間なりに足で稼ぎ、現場でのフィールドワークで汗をかき、少数民族の人たちの持つアニミズム的な宇宙観や呪術や儀礼に触れるべきだと考え直した。

言語学や文化人類学の研究であれば、ある文化的他者のもとに長期滞在し、その言語を習得しながら認識を深めていくだろうが、そのような時間の余裕はなく、急ぎ足でゾミアの奥地を駆けずりまわる「探訪」あるいは「採訪」になった。かつて「秘境」と呼ばれたような土地も現代では随分入りやすくなったが、それでいて旅では必ず難所が待ち受ける。現代アジアの奥地を歩いた経験をかたい論文ではなく、ノンフィクションや旅行記として読めるかたちに近づけることが本書における野心だった。

二〇二三年の秋、気落ちしていたところ、酒席で「ゾミアの紀行ものを書いてみたら」と声をかけてくれたのはアーツアンドクラフツの小島雄氏だった。写真や資料を整理して、書きはじめたのは真冬あたり。翌年から同社の「やまかわうみweb」で連載がはじまり、全一二章を書きあげたのは晩夏のころだった。書籍の編集も小島氏が担当して伴走者になってくださった。この場を借りて最大限の謝意を表したい。

列島で生活をしていると、日本語という単一言語が現実社会やインターネットの空間を覆いつくしているかのように思いこみ、息苦しくなる。しかし、ひとたびユーラシア大陸やインドシナ半島の山岳地帯に逃げこめば、平地における秩序は相対化され、それが世界のひと握りにすぎないことが実感される。たとえ、それが想像上の退避であったとしても。現場で書きつけたフィールドノートをめくり、旅の記憶を再構成する作業は、ひとりの書き手にとって必要なリハビリテーションとなった。この本の隅々にまで血が通い、ページの一枚一枚に汗や息が染みわたっている。限られた生の短くはない時間をささげることになった本書が、ひとりでも多くの人に届くことを願ってやまない。

二〇二四年十一月　著者識

金子遊（かねこ・ゆう）
1974年、埼玉県生まれ。評論家、民俗研究者。『映像の境域』（森話社）でサントリー学芸賞〈芸術・文学部門〉。著書に『辺境のフォークロア』（河出書房新社）、『異境の文学』『マクロネシア紀行』（アーツアンドクラフツ）、『ドキュメンタリー映画術』『悦楽のクリティシズム』（論創社）、『混血列島論』（フィルムアート社）、『光学のエスノグラフィ』（森話社）、『インディジナス』（平凡社）など。編著に『フィルムメーカーズ』『吉本隆明論集』（共にアーツアンドクラフツ）、『半島論』（響文社）ほか多数。

秘境《ひきょう》アジア探訪《たんぼう》記《き》
ゾミアの少数民族フィールドワーク

2025年1月31日　第1版第1刷発行

著　者◆金《かね》子《こ》　遊《ゆう》
発行人◆小島　雄
発行所◆有限会社アーツアンドクラフツ
東京都三鷹市下連雀4-1-30-306
〒181-0013
TEL. 0422-71-1714　FAX. 0422-24-8131
http://www.webarts.co.jp/
印刷　シナノ書籍印刷株式会社

落丁・乱丁本はお取り替えいたします。
ISBN978-4-911356-02-9　C0026